ABC der Tiere 2
Sprachbuch

Herausgegeben von
Klaus Kuhn

Erarbeitet von
Klaus Kuhn, Kerstin Mrowka-Nienstedt

Illustriert von
Heike Treiber

In dieses Buch darf nicht hineingeschrieben werden.

Mildenberger

Inhalt

Wieder in der Schule

• Wieder in der Schule	Gesprächsanlass: Gesprächsverhalten, Gesprächsregeln	6
•• Wieder in der Schule	Gesprächsanlass: Ferienerlebnisse; über Lernen sprechen; Plakat	7
•• Nomen	Nomen	8
•• Menschen, Tiere, Pflanzen, Dinge – Alles hat einen Namen	Nomen	9
• Wir untersuchen Häuschen	Häuschen A und B	10
• Maltes Fundstücke	Artikel	11
•• Hanna erzählt von den Ferien	Artikel	12
• Nomen-Probe	Nomen-Probe; Wortgrenzen	13
•• Ein Bild aus den Ferien	Einzahl, Mehrzahl	14
••• Feriengrüße	Eine Postkarte schreiben	15
Was habe ich gelernt? – 1	Eigenverantwortliches Lernen mit Selbstkontrolle; Lerntagebuch	16

Abc

•• Abc	Reimwörter zu Abc-Abschnitten; Gedichtvortrag	18
• Abc-Kopfnüsse	Alphabet	19
• Geheimschrift mit dem Abc	Alphabet: Vokale, Konsonanten	20
•• Erste Silbe: offen oder geschlossen?	Offene und geschlossene Silbe	21
•• Wer kommt zuerst?	Nomen alphabetisch ordnen	22
• Wir arbeiten mit dem Wörterbuch	Nachschlagen im Wörterbuch	23
• Lang oder kurz? – Doppelkonsonanten	Kontrastpaare klatschen	24
•• Lang oder kurz? – Doppelkonsonanten	Schreibung der Doppelkonsonanten in Häuschen C	25
•• Auf dem Bauernhof	Verben	26
• Was Tiere tun: Nomen oder Verben?	Wortarten unterscheiden: Nomen, Verben	27
•• Lang oder kurz?	Häuschenprobe zur richtigen Schreibung der Doppelkonsonanten mit paradoxen Kontrastwortpaaren	28
• Lang oder kurz?	Häuschenprobe mit Nomen und Verben	29
•• Was Tiere tun	Satzmodell für einfachen Aussagesatz	30
•• Tierische Sätze würfeln	Würfeldiktat/Abschreibstrategie; Aussagesätze	31
Was habe ich gelernt? – 2	Eigenverantwortliches Lernen mit Selbstkontrolle; Lerntagebuch	32

Der Herbst ist wieder da

•• Der Herbst ist wieder da	Gesprächsanlass: Herbst; Plakatgestaltung	34
•• Der Herbst ist wieder da	Verben: 1. Person Mehrzahl; Aussagesätze	35
•• So finden wir den Wortstamm	Wortstamm	36
• Die er-Form	Verben: Grundform, 3. Person Einzahl	37
•• Die er-Form mit Doppelkonsonant	Verben mit Doppelkonsonant: Grundform, 3. Person Einzahl; Häuschenschreiben	38
• Verb-Probe	Verb-Probe; Personalformen	39
•• Umlaute Ä/ä und Äu/äu – Wir leiten ab	Ableiten; Umlaute: ä und äu	40
• Wir leiten ab	Wortstamm Verben: Grundform, 3. Person Einzahl; Umlaute: ä und äu	41
• Schleichdiktat	Schleichdiktat	42
•• Hanna und ihr Drachen	Schreibanlass: Bildergeschichte	43
Was habe ich gelernt? – 3	Eigenverantwortliches Lernen mit Selbstkontrolle; Lerntagebuch	44

● Sprechen und Zuhören ● Lesen – mit Texten und weiteren Medien umgehen ● Schreiben ● Sprachgebrauch und Sprache untersuchen und reflektieren

ABC der Tiere 2
Sprachbuch
Lösungen zur Selbstkontrolle

Was habe ich gelernt? – 1	Seite 2
Was habe ich gelernt? – 2	Seite 2
Was habe ich gelernt? – 3	Seite 2
Was habe ich gelernt? – 4	Seite 3
Was habe ich gelernt? – 5	Seite 4
Was habe ich gelernt? – 6	Seite 4
Was habe ich gelernt? – 7	Seite 5
Was habe ich gelernt? – 8	Seite 6
Was habe ich gelernt? – 9	Seite 6
Was habe ich gelernt? – 10	Seite 7
Was habe ich gelernt? – 11	Seite 8

ABC der Tiere 2 – Sprachbuch bestehend aus Buch, Karton- und **Lösungsbeilage**
Bestell-Nr. 2402-31 · ISBN 978-3-619-24231-3

Illustration: Heike Treiber

Lösungen zur Selbstkontrolle

Was habe ich gelernt? – 1 (Seite 16, 17)

Aufgabe 1: eine Schule, eine Schale, ein Buch, ein Garten, ein Hund

Aufgabe 2: die Hose, das Pferd, die Blume, das Schiff, der Tisch, die Sonne, das Heft

Aufgabe 3: das Auto – die Autos, der Hase – die Hasen, das Kind – die Kinder, die Frau – die Frauen, das Fenster – die Fenster, der Berg – die Berge, das Licht – die Lichter, die Glocke – die Glocken, das Buch – die Bücher, die Tasche – die Taschen

Aufgabe 4: Jedes Jahr fahren die Leute mit dem Auto oder dem Zug weit weg.
Sie reisen an das Meer oder in die Berge.
Im Koffer sind Hosen, Socken und Sonnenbrillen.
Hoffentlich scheint die Sonne.

Was habe ich gelernt? – 2 (Seite 32, 33)

Aufgabe 1: Gabel, Wasser, Vogel, Fenster, Finger, Tube
In der 2. Silbe steht immer e.

Aufgabe 2: bezahlen, Cent, Euro, Haus, Sonne, weinen

Aufgabe 3: Brot, Buch, Erde, Euro, Gemüse, grün

Aufgabe 4: Pinsel, Feder, Rabe, Raupe, Nadel, Ente
(Wörterbuchangaben individuell)

Aufgabe 5: singen, machen, suchen, finden, rechnen, brauchen

Aufgabe 6: Die Kinder spielen.
Die Blumen blühen.
Die Autos hupen.
Die Vögel fliegen.
Die Hunde bellen.

Aufgabe 7: Füller, rollen, Schale, alle, Quelle, Schule, spielen, wollen, Kelle, sollen

Aufgabe 8: Auf dem Bauernhof
Malte und Hanna besuchen einen Bauernhof.
Dort können sie viele Tiere sehen.
Die Kühe grasen auf der Weide hinter dem Haus.
Der Hahn steht auf dem Misthaufen und kräht laut.
Die Bäuerin fährt mit dem Traktor auf den Hof.
Sie begrüßt die Kinder freundlich und
gibt ihnen ein Glas frische Milch zu trinken.
Schmeckt das lecker!

Was habe ich gelernt? – 3 (Seite 44, 45)

Aufgabe 1: singen, rechnen, schreiben, finden, führen

Aufgabe 2: bell, reis, schlaf, brems, red, wünsch

Lösungen zur Selbstkontrolle

Aufgabe 3: Ben spielt mit seinem Freund Fußball.
Aysun malt ein Bild für ihre Tante.
Timo lacht über einen Witz.
Gökhan trinkt gerne Limonade.
Hanna schreibt einen Brief an ihre Freundin.
Eva geht mit ihrem Hund in den Park.

Aufgabe 4: er trabt, er sagt, er kommt, er trägt, er rettet, er will, er muss, er legt

Aufgabe 5: Malte erzählt:
Am Sonntag schlafen alle länger. Dann decke ich den Tisch. Mutter kocht Kaffee, Vater kauft frische Brötchen. Nun frühstücken wir gemütlich zusammen. Was macht ihr am Sonntagmorgen?

Aufgabe 6: das Gras – die Gräser, der Apfel – die Äpfel, das Brett – die Bretter, das Lamm – die Lämmer, der Ast – die Äste, der Kamm – die Kämme, der Mann – die Männer, die Ente – die Enten, die Gans – die Gänse, der Delfin – die Delfine

Aufgabe 7: die Maus – die Mäuse, der Baum – die Bäume, die Eule – die Eulen, der Schlauch – die Schläuche, der Räuber – die Räuber, die Scheune – die Scheunen, der Bauch – die Bäuche, das Haus – die Häuser, die Beule – die Beulen, der Traum – die Träume

Aufgabe 8: tragen – er trägt, leben – er lebt, halten – er hält, fahren – er fährt, fegen – er fegt, blasen – er bläst, schlafen – er schläft, lassen – er lässt, fallen – er fällt, stellen – er stellt

Was habe ich gelernt? – 4 (Seite 56, 57)

Aufgabe 1: Malte hat einen Hund.
Malte hat einen kleinen Hund.
Malte hat einen kleinen, schwarzen Hund.

Das Auto fährt weg.
Das große Auto fährt weg.
Das große, gelbe Auto fährt weg.

Sina kämmt ihre Haare.
Sina kämmt ihre langen Haare.
Sina kämmt ihre langen, braunen Haare.

Aufgabe 2: laut – leise, süß – sauer, klein – groß, fleißig – faul

Aufgabe 3: In der großen Pause spielen die Kinder Ball.
Max stößt sich den Fuß an einem Stein an.
Heute arbeiten alle Kinder fleißig.
Schokolade ist süß.
Die Suppe schmeckt heiß am besten.
Rätsel lösen macht allen Kindern Spaß.

Aufgabe 4: dürfen – er darf, lernen – er lernt, antworten – er antwortet, turnen – er turnt, warten – er wartet, arbeiten – er arbeitet

Lösungen zur Selbstkontrolle

Aufgabe 5: Ich habe einen älteren Bruder. Er heißt Ben.
Am Samstag helfen wir unseren Eltern im Haushalt.
Eva wischt den Boden. Ben geht zum Bäcker.
Ich sauge die Zimmer und putze das Waschbecken.
Was machst du zu Hause?
Wenn alle mit anfassen, könnt ihr eher etwas gemeinsam unternehmen.

Aufgabe 6: Vater, Puppe, Bruder, Kette, Suppe, Teller, Zimmer, Wolle, schneller

Was habe ich gelernt? – 5 (Seite 70, 71)

Aufgabe 1: Fußball, Geburtstagstorte, Fensterbank, Zeitungsbericht, Dachziegel, Schultasche

Aufgabe 2: Im Winter ist es lange dunkel.
Die Kinder malen gerne mit einem Pinsel.
Schnitzel isst man mit Messer und Gabel.

Aufgabe 3: Timo ist krank. Er liegt mit einer Lungenentzündung im Bett.
Da klingelt es an der Haustür. Sein Freund Ben kommt ihn besuchen.
Er überreicht Timo ein kleines Geschenk.
Timo bedankt sich bei seinem Freund.
Hoffentlich dauert es nicht mehr lange, bis er wieder gesund ist.

Aufgabe 4: lecker, drucken, Haken, Wecker, schmecken, Laken, trocken, erschrecken, Ecke, wackeln

Aufgabe 5: Opa pflückt Kirschen.
Oma backt einen Kuchen.
Eva häkelt eine Decke.

Aufgabe 6: Die Jungen spielen Karten.
Eva schreibt in ihr Tagebuch.
Die Katze fängt eine Maus.
Hanna flötet ein Lied.
Die Kinder lesen einen Wunschzettel.
Aysun lernt ein Gedicht.

Aufgabe 7: Anna malt einen Stern auf gelbes Papier.
Sie schneidet den Stern mit einer Schere aus.
Sie klebt ihn an das Fenster.

Was habe ich gelernt? – 6 (Seite 84, 85)

Aufgabe 1: Zwerg, rund, hart, Korb, klug, Hand oder Hang, Zweig, Geld, kalt, Rand oder Rang, Dieb, Land

Aufgabe 2: Der Autofahrer hupt vor dem Haus.
Der Hund ist blind.
Das Kind fragt die Lehrerin.
Das Pferd trabt über die Wiese.

Lösungen zur Selbstkontrolle

Aufgabe 3: Was hast du in den Ferien gemacht?
Ich habe einen Bogen mit meinem Opa gebaut.
Woher hattet ihr das Holz?
Wir haben einen Ast von einem Haselstrauch abgeschnitten.
Wo bewahrst du die Pfeile auf?
Ich habe einen Köcher für die Pfeile gebastelt.

Aufgabe 4: Beispiellösung
Wer sucht sich einen feuchten und geschützten Platz in der Nähe eines Gewässers?
Wann suchen sie diesen Platz?
Wo verstecken sie sich?
Was tun sie dort?
Wie schlägt ihr Herz?
Was passiert mit der Atmung?
Warum können sie kalte Winter gut überstehen?

Aufgabe 5: Beispiellösung
im Winter
im Garten
Anna, Waldi, eine Katze
siehe Aufgabe 6

Aufgabe 6: Beispiellösung
Waldi im Jagdfieber
Anna spielt mit ihrem Hund Waldi im Garten.
Plötzlich sieht Waldi eine Katze und jagt hinter ihr her.
Anna sucht ihn überall.
Nach einer Weile kehrt Waldi schuldbewusst zurück.

Was habe ich gelernt? – 7 (Seite 96, 97)

Aufgabe 1: das Röckchen, das Gänschen, das Törchen, das Blümchen, das Mäuschen, das Schühchen, das Fensterchen, das Schirmchen, das Häuschen, das Entchen

Aufgabe 2: die Tasche, der Stern, die Schere, der Füller, die Hasen, das Gemüse, das Kissen

Aufgabe 3: leise – laut, sauber – schmutzig, klein – groß, dunkel – hell, tief – hoch, schwer – leicht

Aufgabe 4: kalt, schön, gesund, dick, groß, glücklich

Aufgabe 5: Die Kinder finden Edelsteine.
Die Kinder finden schöne Edelsteine.
Die Kinder finden schöne, große Edelsteine.

Goldmarie schüttelt die Kissen.
Goldmarie schüttelt die weißen Kissen.
Goldmarie schüttelt die weißen, weichen Kissen.

Lösungen zur Selbstkontrolle

Frau Holle ist eine Frau.
Frau Holle ist eine alte Frau.
Frau Holle ist eine alte, gerechte Frau.

Aufgabe 6: Die Verkäuferin gibt der Kundin neun Euro zurück.
Die Kinder räumen die neuen Spielsachen weg.
Viele Leute sehen das Feuer.
Die Feuerwehrmänner rollen die Schläuche aus.

Aufgabe 7: Sterntaler ist ein armes, kleines Mädchen. Es hat keine Eltern mehr. Es besitzt nur noch seine Kleider und ein kleines Stückchen Brot. Allein geht es in die weite Welt hinaus. Es verschenkt alle seine Kleider und das Brot. Auf einmal fallen die Sterne als Geldstücke vom Himmel und es hat ein weißes Hemdchen an.

Was habe ich gelernt? – 8 (Seite 114, 115)

Aufgabe 1: Hausschlüssel, Sofakissen, Vogelfeder, Sonnenschirm

Aufgabe 2: Kirschbaum: die Kirsche – der Baum
Heringssalat: der Hering – der Salat
Schuhschrank: der Schuh – der Schrank
Haustür: das Haus – die Tür
Ritterrüstung: der Ritter – die Rüstung
Hosentasche: die Hose – die Tasche

Aufgabe 3: Geh nach Hause!
Vater arbeitet im Garten.
Malte spielt in seinem Zimmer.
Wann kommst du wieder?
Beeile dich!
Hast du Hunger?

Aufgabe 4: Kiste, Schiene, wissen, gießen, sieben, Kissen, Tinte, Wiese, hinken, Riese

Aufgabe 5: Schild, Brief, Schiff, Kind, Tier, Spiel

Aufgabe 6: suchen, Nacht, brauchen, Fuchs, Luchs, machen, Woche, wachen oder wachsen, Dachs oder Dach, leicht, hoch, Wachs

Was habe ich gelernt? – 9 (Seite 126, 127)

Aufgabe 1: gehen: weggehen, hingehen, vorgehen, aufgehen, abgehen
sagen: absagen, vorsagen, aufsagen

Aufgabe 2: Offene Aufgabe

Aufgabe 3: Anna muss den Aufsatz vorschreiben.
Der Arzt verschreibt Max Hustensaft.
Hanna will die Geschichte vorlesen.
Sie verliest sich dreimal.

Aysun darf vorgehen.
Die Zeit vergeht langsam.
Max will das Haus verlassen.
Er muss den Hund vorlassen.

Lösungen zur Selbstkontrolle

Aufgabe 4: Das Sams spaziert gemütlich zum Spielplatz. Im Sandkasten steckt es Sandkuchen mit kleinen Steinchen in den Mund und verspeist sie. Später marschiert das Sams zu einem Sportplatz. Dort üben sich ein paar Jungen im Weitsprung. Wer springt am weitesten?

Aufgabe 5: Hanna beobachtet, wie die Bienen Nektar sammeln.
Timo entdeckt am Waldrand ein Reh.
Der Kapitän blickt auf das Meer hinaus.
In aller Ruhe betrachtet er das Gemälde.

Aufgabe 6: Das Wasser fließt aus der Quelle in den See.
Hanna geht mit ihrem Vater ins Schwimmbad.
Auf dem Spielplatz sind viele Kinder.
In der Vase sind gelbe Tulpen.
Die Hexe reitet auf ihrem Besen durch die Luft.
Xaver hat 80 Cent in seinem Geldbeutel.

Aufgabe 7:

Was habe ich gelernt? – 10 (Seite 142, 143)

Aufgabe 1: Max fährt mit dem Fahrrad zu seinem Pflegepony. Er bindet das Pony an einem Pfosten fest und pflegt das Fell mit einer weichen Bürste. Nach einer Weile stampft das Pferd ungeduldig mit dem Huf auf. Max klopft ihm beruhigend den Hals. Zum Schluss fettet Max die Hufe ein. Nun ist das Pony fertig.

Aufgabe 2: In der Klasse 2 a sind 19 Schüler.
Die meisten Kinder spielen Fußball.
Gleich viele Kinder reiten und turnen.
Die wenigsten Kinder machen Ballett.
Fünf Kinder spielen ein Instrument.
Fußball spielen doppelt so viele Kinder wie Handball.

Aufgabe 3: Spatzen, Schnauze, ritzen, reizen, Katze, Weizen, flitzen, wetzen, heizen, kratzen

Aufgabe 4: Beispiellösung

Plötzlich kocht die Milch über. Es zischt und qualmt. Kater Kasimir rennt an Frau Süß vorbei. Da erinnert sich Frau Süß, dass sie den Topf auf dem Herd stehen hat und zieht ihn schnell von der Herdplatte.

Lösungen zur Selbstkontrolle

Aufgabe 5: Beispiellösung

Ein gefährlicher Augenblick

Es ist Mittag. Frau Süß gießt Milch in einen Topf. Sie kocht Pudding. Kater Kasimir liegt auf einem Stuhl und schläft. Nun klingelt das Telefon im Flur. Frau Süß geht hinaus, nimmt den Hörer ab und telefoniert. Plötzlich kocht die Milch über. Es zischt und qualmt. Kater Kasimir rennt an Frau Süß vorbei. Da erinnert sich Frau Süß, dass sie den Topf auf dem Herd stehen hat und zieht ihn schnell von der Herdplatte. Sie bedankt sich bei Kater Kasimir und drückt ihn fest an sich.

Was habe ich gelernt? – 11 (Seite 152, 153)

Aufgabe 1: Pfahl, Kohl, kühl
Rahm, zahm, Lehm
Zahn, Bahn, Hahn
Ohr, Jahr, sehr

Es fällt auf, dass alle Wörter auf l, m, n oder r enden.

Aufgabe 2: Der Schiffsjunge Piet klettert zu Kapitän Holzbein
ins Beiboot. Dieser reicht ihm ein Ruder.
Nach kurzer Zeit erreichen sie ihr Ziel.
Sie ziehen ihr Boot an Land.
Der Kapitän holt die Schatzkarte.
Erwartungsvoll blickt Piet ihn an.

Aufgabe 3: Malte klettert die Leiter hinauf.
Hanna läuft mit Lena um die Wette.
Die Katze schleicht zum Mauseloch.
Das Pferd springt über die Hindernisse.
Der Vogel hüpft auf dem Ast hin und her.

Aufgabe 4: individuelle Lösung

Die Einladung sollte folgende Fragen beantworten:
Wer lädt ein?
Wann findet die Geburtstagsfeier statt?
Wo findet die Geburtstagsfeier statt?
Was findet statt?
Wen lädst du ein?

Aufgabe 5: Auf dem Kopf hat er einen schwarzen Piratenhut.
Im Gesicht trägt er einen dunklen Bart.
Auf der Schulter sitzt ein grauer Papagei.
Er trägt ein blaues Hemd und eine braune Hose.
Das Messer steckt in seinem braunen Gürtel.
Besonderes Kennzeichen: Holzbein

Vokale und Konsonanten

Das Abc besteht aus **Vokalen** und **Konsonanten**.

a, e, i, o, u sind Vokale.

Bei den Vokalen klingen noch andere Laute mit:

b, c, d, f, g, h, j, k, l, m, n, p, q, r, s, t, v, w, x, y, z.

ä, ö, ü nennen wir **Umlaute**.

au, äu, eu, ei, ai nennen wir **Zwielaute**.

Häuschen A, B, C

Die betonte Silbe steht im Haus, die unbetonte Silbe in der Garage.
In der Garage schreiben wir immer ein e. Beispiele:

Lang – kurz

Wir hören zwischen dem Vokal der ersten Silbe und dem e der zweiten Silbe einen Konsonanten, schreiben aber zwei.
Das o ist kurz. Beispiel:

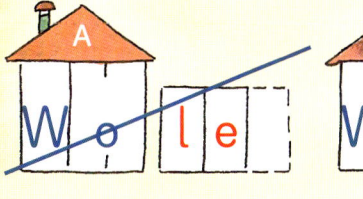  

1   2   3   4

Wortbausteine

Wörter haben einen **Wortstamm**. Wir finden ihn, indem wir nach dem ersten Garagenplatz knicken. Beispiele:

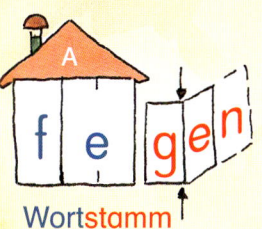 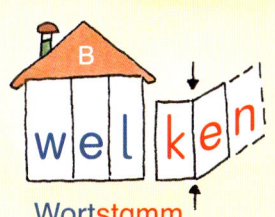 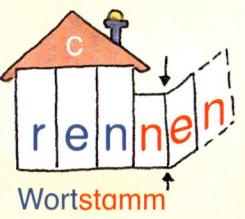

Wortstamm   Wortstamm   Wortstamm

Wortbausteine verändern die Bedeutung von Wörtern. Beispiel:

 gehen   –    gehen

ABC der Tiere
Sprachbuch 2

Nomen

Namen von Menschen, Tieren, Pflanzen und Dingen heißen Nomen. Wir schreiben sie groß.
Nomen gibt es in der Einzahl und in der Mehrzahl.
In der Mehrzahl heißt der Artikel immer „die".
Beispiele:
das **Kind** – die **Kinder**, der **Hund** – die **Hunde**,
die **Rose** – die **Rosen**, das **Buch** – die **Bücher**

Artikel

Vor Nomen stehen oft die Artikel.
der, die, das
Beispiele:
der Hund, **die** Rose, **das** Kind
oder: ein, eine
Beispiele:
ein Hund, **eine** Rose, **ein** Kind

Adjektiv

Adjektive sagen uns, wie Dinge sind.
Wir schreiben sie klein.
Beispiel:
Der Hund ist groß.
der große Hund

Verb

Verben sagen uns, was jemand tut oder was geschieht.
Wir schreiben sie klein.
Beispiel:
gehen – ich gehe, du gehst, er geht, sie geht,
wir gehen, ihr geht, sie gehen

Satz

Ein Satz besteht aus verschiedenen Bausteinen.
Das Verb steht an der zweiten Stelle.
Beispiel:

Das Kind   fängt   den Ball.

Am Satzanfang schreiben wir groß.
Am Satzende steht ein Punkt.

Satzzeichen

Am Ende des Satzes steht ein Punkt.
Beispiel: *Das Kind fängt den Ball.*

Wenn wir fragen, schreiben wir so:
Beispiel: *Wo spielt das Kind?*

Nach Ausrufen und Aufforderungen steht ein Ausrufezeichen.
Beispiele: *Au, mein Daumen!*
Komm her!

ABC der Tiere 2 – Sprachbuch bestehend aus Buch, **Karton-** und Lösungsbeilage
Bestell-Nr. 2402-31 · ISBN 978-3-619-24231-3

Illustrationen: Heike Treiber
Mildenberger

Inhalt

Ich – Du – Wir

●●	Ich – Du – Wir: Kennst du mich?	Gesprächsanlass: Personenbeschreibung; Adjektive; Satztreppe	46
●	Das bin ich	Personenbeschreibung; Adjektive	48
●●	Gefühle sind nicht immer gleich	Adjektive	49
●	Adjektiv-Probe	Adjektiv-Probe	50
●	Wörter mit ß	Wörter mit ß; Wortarten unterscheiden: Nomen, Verben, Adjektive	51
●	Bei uns zu Hause	Verben: 3. Person Einzahl; einfache Sätze bilden	52
●●●	r nach Vokal	r nach Vokal	53
●	Höflich miteinander sprechen	Gesprächsanlass: Höflich miteinander sprechen	54
●	Partnerdiktat	Partnerdiktat	55
	Was habe ich gelernt? – 4	Eigenverantwortliches Lernen mit Selbstkontrolle; Lerntagebuch	56

Advent – Weihnachten

●	Advent – Weihnachten	Gesprächsanlass: Advent, Weihnachten	58
●	Advent – Weihnachten	Einfache Sätze bilden	59
●●●	Wunschzettel	Zusammengesetzte Nomen; Wunschzettel schreiben	60
●●	Das Verbindungs-s	Zusammengesetzte Nomen, Verbindungs-s	61
●	Wir backen Butterplätzchen	Lückentext	62
●●●	In der Küche	Gesprächsanlass: Vorgangsbeschreibung; Rollenspiel; Purzelsätze; er-Form	63
●	k oder ck – Lang oder kurz?	k oder ck: Häuschenschreiben	64
●●	nk oder ng – Höre den Unterschied	Unterscheidung nk/ng	65
●●	Wortbausteine: -en, -el, -er	Wortbausteine: -en, -el, -er	66
●●	Weihnachtsgedicht	Weihnachtsspiel	67
●●	Weihnachten in anderen Ländern	Weihnachten in Polen; aus Sachtexten Informationen gewinnen	68
●●	Weihnachtsgrüße in anderen Sprachen	Sprachen kennenlernen	69
	Was habe ich gelernt? – 5	Eigenverantwortliches Lernen mit Selbstkontrolle; Lerntagebuch	70

Durch das Jahr

●●	Durch das Jahr	Gesprächsanlass: Jahresverlauf, Jahreszeiten, Monatsnamen	72
●●	Die Monate im Jahr	Reihenfolge der Monate; Geburtstagskalender	74
●●	Wochentage	Wochentage	75
●●	Ein Wochenende bei Oma	Schreibanlass: Wochenendbericht	76
●	Dosendiktat	Dosendiktat	77
●●	Winter – Was machen die Tiere?	Gesprächsanlass: Tiere im Winter; Fragesatz	78
●●	Tiere im Winter	Informationen aus Sachtexten gewinnen	79
●●	b – p, d – t, g – k	Auslautverhärtung	80
●●	Wintergedicht	Akrostichon	81
●●	Eine Schlittengeschichte	Schreibanlass: Bildergeschichte	82
●●	Eine Schlittengeschichte	Schreibanlass: Bildergeschichte; Texte überarbeiten	83
	Was habe ich gelernt? – 6	Eigenverantwortliches Lernen mit Selbstkontrolle; Lerntagebuch	84

Kennst du die Märchen?

●●	Kennst du die Märchen?	Märchentitel und -sprüche	86
●●	Kennst du die Märchen?	Märchenfiguren; Adjektive	87
●●	Märchenspiele an Stationen	Märchenspiele, kreativer Umgang mit Texten	88
●	Märchenspiele an Stationen	Märchenspiele	89

● Sprechen und Zuhören   ● Lesen – mit Texten und weiteren Medien umgehen   ● Schreiben   ● Sprachgebrauch und Sprache untersuchen und reflektieren

Inhalt

Frau Holle – So handelt Pechmarie	Satzzeichen, Großschreibung am Satzanfang und von Nomen	90
Bei den sieben Zwergen	Wortbaustein -chen	91
Was Schneewittchen lernen muss	Wortbaustein -chen	92
Hinter den sieben Bergen	Wortbaustein -chen	93
Wörter mit Ei/ei und Eu/eu	Wörter mit Ei/ei und Eu/eu	94
Eu/eu oder Äu/äu	Unterscheidung von eu und äu	95
Was habe ich gelernt? – 7	Eigenverantwortliches Lernen mit Selbstkontrolle; Lerntagebuch	96

Frühling und Ostern

Immer wieder kommt ein neuer Frühling …	Gesprächsanlass: Frühling; Plakatgestaltung	98
Immer wieder kommt ein neuer Frühling …	Einfache Sätze bilden	99
Elfchen	Schreibanlass: Elfchen	100
Rätsel mit Bildern	Zusammengesetzte Nomen	101
Wir basteln bunte Eier	Materialliste erstellen; 1. Person Einzahl	102
In der Osterwerkstatt	Erzähl- und Schreibanlass: Vorgangsbeschreibung; Sätze in ich-Form	103
Hanna notiert	Satzanfänge; Satzschlusszeichen: Punkt und Fragezeichen	104
Wir schreiben eine Bastelanleitung	Vorgangsbeschreibung	105
Wo sind die Eier versteckt?	Satzbau	106
Hanna und Malte stecken Bohnen	Ausrufezeichen	107
i oder ie in der ersten Silbe	ie in zweisilbigen deutschen Standardwörtern	108
i oder ie? – Wir leiten ab	ie in einsilbigen deutschen Standardwörtern	109
Auf der Wiese – Schau genau!	Einfache Sätze bilden	110
Jäger in der Nacht – Wörter mit ch	Wörter mit ch	111
In Wald und Feld – Wörter mit chs	Wörter mit chs	112
Aufnahme-Diktat	Aufnahme-Diktat	113
Was habe ich gelernt? – 8	Eigenverantwortliches Lernen mit Selbstkontrolle; Lerntagebuch	114

Welt der Bücher

Welt der Bücher	Gesprächsanlass: Titel, Autor	116
Welt der Bücher	Mediathek; zusammengesetzte Nomen	117
Pippi lernt Wörter mit V/v	Wörter mit V/v	118
Wortbausteine	Wortbaustein; will, muss, kann, soll	119
Buchvorstellung	Buchpräsentation	120
Nils Holgerssons erster Flug	Verschiedene Wörter für sehen	121
Franz erfindet Sat-sechs	Satzanfänge überarbeiten; Begründen	122
Am Computer	Computer; Text korrigieren	123
Spaß in der Schule mit Pippi und dem Sams	Wörter mit Sp, St und Sch	124
Spaß in der Schule mit Pippi und dem Sams	Mnemotechniken für schwierige Wörter	125
Was habe ich gelernt? – 9	Eigenverantwortliches Lernen mit Selbstkontrolle; Lerntagebuch	126

Tiere als Freunde

Tiere als Freunde	Gesprächs- und Schreibanlass: Tiere	128
Unsere Lieblingstiere	Gesprächsanlass: Haustiere; Diagramme	129
Tiere in verschiedenen Sprachen	Sprachen vergleichen	130
Informationen sammeln und festhalten	Informationen sammeln und festhalten: Zoohändlerin, Tierärztin, Hundezüchter	131
Ein Plakat gestalten	Plakatgestaltung	132
Einen Vortrag halten	Vortrag halten	133

● Sprechen und Zuhören ● Lesen – mit Texten und weiteren Medien umgehen ● Schreiben ● Sprachgebrauch und Sprache untersuchen und reflektieren

Inhalt

•• Bei den Pferden – Wörter mit Pf/pf	Wörter mit Pf/pf; Sätze bilden	134
•• Luca auf dem Reiterhof	Gesprächsanlass: Kinder mit Behinderungen; aus Sachtexten Informationen gewinnen	135
• Wir reimen mit tz-Wörtern	Wörter mit tz; Häuschenschreiben	136
• Mit Katzen kann man viel erleben	Wörter mit tz; einfache Sätze bilden	137
•• Eine Tiergeschichte	Schreibanlass: Bildergeschichte	138
•• Eine Tiergeschichte	Schreibanlass: Bildergeschichte; Texte überarbeiten	139
••• Vorbeugen ist besser als löschen	Aus Sachtexten Informationen gewinnen; Begründen	140
• Richtig abschreiben – Wortarten erkennen	Richtig abschreiben; Wortarten; Silben	141
Was habe ich gelernt? – 10	Eigenverantwortliches Lernen mit Selbstkontrolle; Lerntagebuch	142

Sommerzeit – Piratenzeit

• Sommerzeit – Piratenzeit	Gesprächsanlass: Piratenfest	144
••• Wir laden ein	W-Fragen, Einladungsschreiben	145
•• So sieht ein Pirat aus	Personenbeschreibung	146
•• Land in Sicht	Verschiedene Wörter für gehen	147
•• Die Schatzinsel	Stummes h	148
•• Die Schatzinsel	Stummes h; Plakatgestaltung	149
•• Auf zur Insel!	ihnen, ihm, ihn; Geschichte weiterschreiben	150
•• Abschied	Abschiedsgrüße in verschiedenen Sprachen	151
Was habe ich gelernt? – 11	Eigenverantwortliches Lernen mit Selbstkontrolle; Lerntagebuch	152

Selbstständig üben mit Wortkarten — 154

Grundwortschatz — 156

• Sprechen und Zuhören   • Lesen – mit Texten und weiteren Medien umgehen   • Schreiben   • Sprachgebrauch und Sprache untersuchen und reflektieren

Die Symbole bedeuten

 Klassengespräch   Sprich und klatsche dazu.*

 Partner- oder Gruppenarbeit   Schreibe in das passende Häuschen.

 Ich – Du – Wir   Rollenspiel

 Über Lernen sprechen   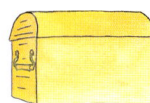 In der Schatztruhe steht, was auf dieser Seite besonders wichtig ist.

 Lerntagebuch

* Rhythmisiertes Sprechen und Klatschen der Kontrastpaare als Grundlage zur richtigen Schreibung der Doppelkonsonanten

Wieder in der Schule

Ich höre gut zu.
Ich melde mich.
Ich warte, bis ich an der Reihe bin.

Hanna, könntest du bitte lauter sprechen?

1. Die Kinder erzählen zu Dingen, die sie mitgebracht haben. Wie sprechen sie miteinander?

2. Was passt zu einem guten Gespräch?

Hanna, du sprichst mir zu leise!

Könntest du bitte lauter sprechen?

Was ist das für eine komische Glocke?

Tim, woher hast du die Glocke?

Jetzt will ich etwas sagen.

Hanna, ich möchte auch etwas sagen.

3. Welche Gesprächsregeln sind für euch wichtig?

Gesprächsanlass: Gesprächsverhalten, Gesprächsregeln

4. Bringt Andenken aus euren Ferien mit und erzählt dazu.

5. Was war gut an eurem Gespräch? Auf welche Regeln wollt ihr noch stärker achten?

6. Gestaltet ein Plakat mit euren Gesprächsregeln.

Unsere Gesprächsregeln

Nomen

Die Kinder der Klasse 2c haben Nomen auf Kärtchen geschrieben.

Korb, Stein, Schnecke, Schaf, Opa, Blume, Eiche, Schüler, Tanne, Frau, Tasse, Lehrerin, Baby, Elefant, Hund, Baum, Ameise, Tulpe, Feder

 1. Ich: Wie kannst du die Kärtchen ordnen?

   Du: Wie hat dein Partner die Kärtchen geordnet?
   Vergleicht.

   Wir: Stellt eure Möglichkeiten der Klasse vor.
   Wie viele Möglichkeiten habt ihr gefunden?

2. Trage die Wörter auf den Kärtchen in eine Tabelle ein.

Menschen	Tiere	Pflanzen	Dinge
Baby	Hund	Baum	Korb

3. Ergänze die Tabelle mit weiteren Nomen.

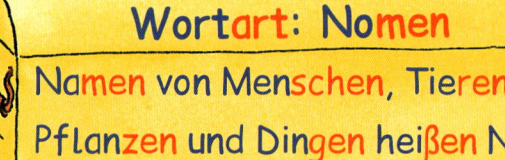

Wortart: Nomen
Namen von Menschen, Tieren, Pflanzen und Dingen heißen Nomen.
Wir schreiben sie groß.

Menschen, Tiere, Pflanzen, Dinge – Alles hat einen Namen

Hanna, Sofia und Malte spielen Quartett.

1. Welche Karten gehören zusammen?
   Menschen: Junge, ...
   Tiere:
   Pflanzen:
   Dinge:

2. Bei einem Quartett gehören immer vier Karten zusammen.
   Finde Nomen für die umgedrehten Karten.
   Schreibe sie auf Karten und male dazu.

3. Bildet eine Viergruppe und spielt Quartett.

Wir untersuchen Häuschen

Esel Reiter Schalter

Blumen Hunde

Riese

e steht immer ...

1. **Ich:** Untersuche die Häuschen.
   Du: Tausche dich mit einem Partner aus.
   Findet weitere Nomen und tragt sie in die Häuschen A und Häuschen B ein.
   Wir: Stellt eure Ergebnisse der Klasse vor.

2. Ordne zu:

Häuschen A	Häuschen B
ein Doppelzimmer	drei Zimmer

- das 1. Zimmer kann frei bleiben
- drei Zimmer
- e immer in der Garage
- ie und ei stehen im Doppelzimmer
- ein Doppelzimmer
- a, e, i, o, u stehen im Doppelzimmer
- a, e, i, o, u stehen im mittleren Zimmer
- zwei Silben

Maltes Fundstücke

Malte hat seine Fundstücke
auf einen Zettel geschrieben.
Leider kann er nicht mehr alles lesen.

1. Lest die Sätze auf dem Zettel.
   Überlegt gemeinsam, welche Wörter fehlen.

Stein ist glatt.
Muschel ist herzförmig.
Schneckenhaus hat ein Loch.

Wortart: Artikel

Vor Nomen stehen oft
die Artikel der, die, das.

2. Welche Artikel passen?
   Schreibe die Nomen mit Artikel in dein Heft.

    Wasser   Frau   Bub   Blume

    Hund   Kind   Hose   Füller

    Schere   Baum   Regen   Salz

    Sonne   Quadrat Pinsel Wolke

3. Überlege dir zehn weitere Nomen und schreibe sie auf ein Blatt.

4. Tauscht die Blätter aus und schreibt die passenden Artikel vor die Nomen.
   Besprecht eure Lösungen.

Hanna erzählt von den Ferien

Morgens tobte ein Sturm.

Ein Rettungsboot suchte einen Schwimmer.

Ein Strandkorb ist umgefallen.

Abends habe ich eine Flaschenpost gefunden.

Artikel

Vor Nomen können auch die Artikel **ein** oder **eine** stehen.

1. Was hat Hanna erlebt?
2. Welche Wörter stehen vor den Nomen?
3. Schreibe den Text in dein Heft.
   Unterstreiche die Nomen mit den Artikeln.

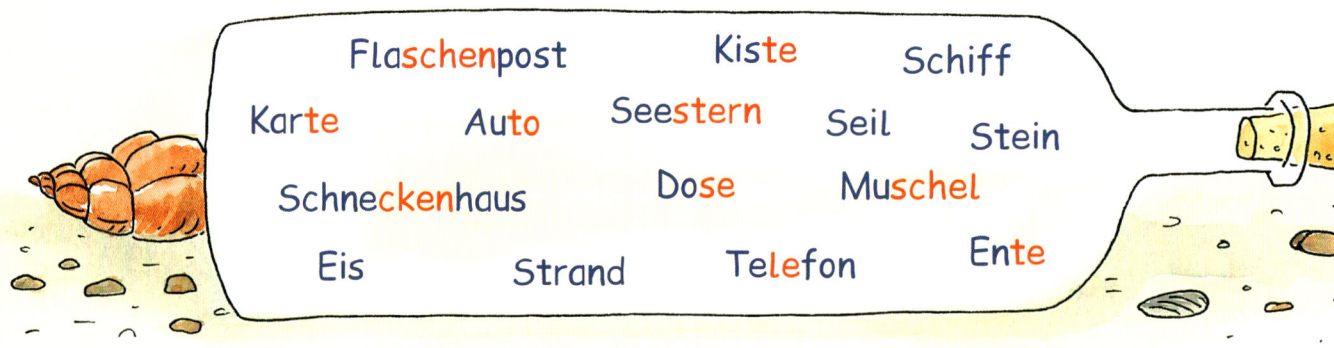

Flaschenpost   Kiste   Schiff
Karte   Auto   Seestern   Seil   Stein
Schneckenhaus   Dose   Muschel
Eis   Strand   Telefon   Ente

4. Ordne zu:

ein	eine
ein Seestern	eine Muschel

5. Hanna hat eine Flaschenpost gefunden.
   Was könnte darin sein?

Nomen-Probe

Hanna will nur Nomen angeln. So entscheidet sie:

1. Schritt

Ist das Wort ein Name für
- einen Menschen
- ein Tier
- eine Pflanze
- ein Ding?

Ja, dann schreibe groß.

2. Schritt

Passt
- der, die, das
- ein, eine

als Artikel davor?

Ja, dann schreibe groß.

(Fische im Teich: kiste, angelt, du, schwimmt, an, sitzt, zu, ente, löwe, baum, mit, in, blume, telefon, frau, auf, kind)

1. Ich: Wie entscheidet Hanna?
   Du: Wähle einen Fisch mit einem Nomen aus.
   Erkläre deinem Partner die Nomen-Probe.
   Wir: Ein Kind nennt ein Wort.
   Die anderen wenden die Nomen-Probe an.

„Frau" ist ein Nomen, weil …

2. Schreibe die acht Nomen aus dem Teich mit Artikel auf.
   die Frau, …

3. Finde in der Wörterschlange die fünf Nomen.

uferkleinundsonnejetztgehtwolkenregenseife

Ein Bild aus den Ferien

Einzahl / Mehrzahl

Nomen gibt es in der Einzahl und in der Mehrzahl.

1. Was ist auf Hannas Bild zu sehen?
   Schreibe Nomen auf ein Blatt. 
2. Tausche dich mit deinem Partner aus:
   Was gibt es auf dem Bild nur einmal?
   Was gibt es mehrmals?

   Ich sehe drei …

3. Schreibe die Nomen aus dem Weg so auf:

Einzahl	Mehrzahl
die Straße	die Straßen

4. Wie lautet der Artikel in der Mehrzahl?

14 Einzahl, Mehrzahl

Feriengrüße

Liebe Hanna,

die Ferien waren schön.
Jeden Tag schien die Sonne.
Wir fuhren in die Alpen.
In der Ferne konnten wir
den Chiemsee sehen.

Bis bald!

Anna

An
Hanna Müller
Sonnenstr. 24
81927 München

1. Anna hat ihrer Freundin Hanna eine Postkarte geschrieben.
   - Welche Anrede verwendet Anna?
   - Was erzählt Anna?
   - Wie verabschiedet sich Anna?
   - Wo wohnt Hanna?

2. Schreibe eine Postkarte.

   Überlege:
   - An wen möchte ich schreiben?
   - Was möchte ich mitteilen?

   Informiere dich:
   - Wo wohnt ...?
   - Welche Briefmarke brauche ich?

   Wähle aus:
   - Hallo ...
   - Lieber ...
   - Liebe ...
   - Liebe Grüße ...
   - Bis bald!
   - Viele Grüße ...

Eine Postkarte schreiben

Was habe ich gelernt? – 1

Auf diesen Seiten kannst du überprüfen, was du gelernt hast und was du noch üben musst. So gehst du vor:

Bearbeite die Aufgaben zu einem Thema.

Schätze dich selbst ein.

Kontrolliere mithilfe der Lösungen.

Wenn ich mehr als drei Fehler in einer Aufgabe habe, übe ich zu diesem Thema noch einmal im Sprachbuch.

Nomen und Artikel (Seite 6 – 14, Lösungsbeilage Seite 2)

1. Welche Wörter sind Nomen?
   Schreibe sie mit dem Artikel ein oder eine auf.

Schule   vor   Schale   gestern   Buch
spielen   Garten   husten   Hund   in

2. Schreibe nur die Nomen mit dem Artikel der, die oder das auf.

hoseauflachenpferdblumewannschifftischzusonnegehenheftnein

3. Schreibe jedes Nomen in der Einzahl und in der Mehrzahl auf.

Auto   Kind   Fenster   Licht   Buch
Hase   Frau   Berg   Glocke   Tasche

4. Schreibe den Text in dein Heft und setze die passenden Nomen ein.

Jedes Jahr fahren die ___ mit dem ___ oder dem ___ weit weg.

Sie reisen an das ___ oder in die ___ .

Im ___ sind ___ , ___ und ___ .

Hoffentlich scheint die ___ .

Hosen Sonne Auto Leute Meer
Berge Socken Koffer Zug Sonnenbrillen

Lerntagebuch

Ein Lerntagebuch hilft dir, darüber nachzudenken,
was du gelernt hast und was du noch üben möchtest.

Mit diesen Zeichen kannst du dich bewerten:

☺ Das kann ich sehr gut.   😐 Das mache ich meistens richtig.
☹ Das muss ich noch üben.

So führt Hanna ihr Lerntagebuch:

Was habe ich gelernt?

- Ich erkenne Nomen und schreibe sie groß.   ☺
- Ich kann Einzahl und Mehrzahl bilden.   😐
- Ich kann die richtigen Artikel verwenden.   ☺
- Ich kann Wörter in die Häuschen A und B eintragen.   ☺

Das möchte ich noch üben:

- Einzahl und Mehrzahl

Schreibe eine Seite in dein Lerntagebuch.

Abc

Mein kleiner Hund

A B C –
Mein Hund schwimmt gern im 🐕 .

D E F –
Ich bin sein lieber 🐕 .

G H I –
Bei „Klatsch" springt er aufs 🐕 .

J K L –
Mit Würstchen lernt er 🐕 .

M N O –
Holt's Stöckchen 🐕 .

P Q R –
Da ist ein fremder 🐕 .

S T U –
Er bellt und knurrt 🐕 .

V W X –
Nein, unser Hund macht 🐕 .

Y und Z –
Ach, so ein Hund ist 🐕 !

Katrin Herter

Chef
schnell
Knie
Herr
dazu
nett
nichts
irgendwo
See

1. Betrachtet die Bilder. Erzählt.

2. Lies das Abc-Gedicht. Welche Reimwörter passen?

3. Schreibe das Abc-Gedicht auf.

4. Ich: Lerne das Gedicht auswendig.
   Du: Wie könnt ihr das Gedicht gemeinsam vortragen?
       Probiert mehrere Möglichkeiten.
   Wir: Tragt das Gedicht der Klasse vor.

Abc-Kopfnüsse

1. Welche Buchstaben fehlen? Schreibe die Buchstaben ab und ergänze:
   1) A, B, C, D, …

   1) H ... J K L ... N O P ... R S T ... V W X ... Z
   2) A B ... D E F ... a b c d ... f g h i ... k l m n ... p q r s ... u v w x y z
   3) e f g
   4) a ... c
   5) q r ... t
   6) l ... n ... p
   7) h ... j
   8) u v ... x
   9) ... z

2. Schreibt ein Namen-Abc.
   Findet ihr zu jedem Buchstaben einen Namen?

   Amelie   Chris   Beate   Dennis

3. Stellt das Namen-Abc der Klasse vor.

4. Schreibe zu einem weiteren Thema ein Abc.

   Blumen-Abc   Was-ich-mag-Abc   Lieblingsessen-Abc   ?

Alphabet

Geheimschrift mit dem Abc

1. Zählt die Bausteine des Abc-Turmes:
   - Aus wie vielen Buchstaben besteht das Abc?
   - Wie viele Vokale sind es?
   - Wie viele Konsonanten sind es?

Vokale und Konsonanten

Das Abc besteht aus Vokalen und Konsonanten.
A a, E e, I i, O o, U u sind Vokale.
Bei den Konsonanten klingen noch andere
Laute mit: B b, C c, D d, F f, G g …

2. Löse folgende Rätsel. Ordne jeder Zahl den passenden Buchstaben aus dem Buchstabenturm zu:

Es fliegt, hat aber keine Federn:

| 6 | 12 | 5 | 4 | 5 | 18 | 13 | 1 | 21 | 19 |

Es fliegt, hat aber keine Federn.
Es ist …

Es ist ein Vogel, kann aber nicht fliegen:

| 16 | 9 | 14 | 7 | 21 | 9 | 14 |

Es ist mal rot, mal grün, mal braun (ä = ae):

| 3 | 8 | 1 | 13 | 1 | 5 | 12 | 5 | 15 | 14 |

Es baut Hügel ohne Schaufel:

| 13 | 1 | 21 | 12 | 23 | 21 | 18 | 6 |

3. Erfinde selbst ein Geheimschrifträtsel.
   Stellt die Rätsel eurer Klasse vor.

Alphabet: Vokale, Konsonanten

Erste Silbe: offen oder geschlossen?

"In Häuschen B folgt nach dem Vokal ..."

1. Ich: Schreibe die Wörter in Häuschen A oder Häuschen B.
   Du: Vergleicht alle ersten Silben.
   Wir: Was habt ihr herausgefunden? Sprecht in der Klasse darüber.

Kinder · Blume · Riese · Igel · Wolken · Schule · Ente · Tante

Offene und geschlossene Silbe

Die erste Silbe in Häuschen A endet mit einem Vokal. Sie heißt offene Silbe.
Die erste Silbe in Häuschen B endet mit einem Konsonant. Sie heißt geschlossene Silbe.

2. Wie klingen die Vokale in den ersten Silben? Ordne die Wörter so:

offene Silbe	geschlossene Silbe
Tafel	Tante

Rinde – Riese
Tafel – Tante
Tore – Torte
Felder – Feder
Lupe – Lumpen

3. Sprecht in der Klasse über eure Ergebnisse.

"In der **offenen Silbe** klingt der Vokal ..."

"In der **geschlossenen Silbe** klingt der Vokal ..."

Wer kommt zuerst?

1. Ordne die sechs Tiernamen nach dem Abc.

   Achte auf die Anfangsbuchstaben der Tiernamen. Schreibe so:
   1. Affe
   2. ...

2. Ich: Ordne die Tiernamen nach dem Abc.
   Auf welche Buchstaben musst du achten?

   Du: Wie hat dein Partner die Tiernamen geordnet? Formuliert die Regel, nach der ihr Wörter mit gleichen Anfangsbuchstaben ordnet.

   Wir: Sprecht über die Regel in der Klasse.

3. Ordnet die Namen eurer Klassenkameraden nach dem Abc.

Wir arbeiten mit dem Wörterbuch

1. Besprecht, welche Tiere abgebildet sind.

2. Schlage die Tiernamen im Wörterbuch nach und schreibe sie mit Artikel, Seitenzahl und Spalte auf.
   die Katze: S. ..., Spalte ...

3. Nenne ein Wort.
   Dein Partner schlägt das Wort im Wörterbuch nach, nennt die Seitenzahl und die Spalte.

4. Schlage die Nomen im Wörterbuch nach und schreibe sie mit Seitenzahl und Spalte auf.

5. Was frisst das Pferd?
   Unterstreiche die Anfangsbuchstaben. Sie sagen dir, was das Pferd frisst.

6. Suche im Wörterbuch weitere Tiernamen und schreibe sie mit Seitenzahl und Spalte auf.

Nachschlagen im Wörterbuch

Lang oder kurz? – Doppelkonsonanten

Die Kinder der Klasse 2c wollen verstehen, warum Koffer mit ff geschrieben wird.

1. Welche Wörter gehören zu den Bildern?
2. Sprecht und klatscht die Wörter als Rap. Was fällt euch auf?

Kontrastwortpaare klatschen: Käfer – Koffer, Züge – Zucker, schiefe – Schiffe, böse – Busse, Vase – Wasser

Hanna und Malte tragen die Wörter in Häuschen ein.

Käfer (Häuschen A) — **Koffer** (Häuschen C) — Stopp

Hanna: In Käfer höre ich die Trennung gut, das „ä" wird lang gesprochen, also Häuschen A.

Malte: In Koffer kann ich keine Trennung hören, das „o" wird kurz gesprochen. Ich schreibe das Wort in das Häuschen C mit „ff".

1. Wie unterscheiden sich Häuschen A und Häuschen C?
2. Sprich und klatsche die Wortpaare.
3. Schreibe die Wortpaare in die Häuschen A und C.

- Käfer – Koffer
- Züge – Zucker
- schiefe – Schiffe
- böse – Busse
- Vase – Wasser

Doppelkonsonanten

Wird der betonte Vokal kurz gesprochen, folgt ein Doppelkonsonant. Durch Klatschen kannst du das überprüfen.

4. Finde weitere Wörter für Häuschen C.

Auf dem Bauernhof

Hanna und Malte besuchen einen Bauernhof.
Malte kann die Tiere mit geschlossenen Augen erkennen.

muh
wau
kikeriki
meck
gack gack
miau

Wortart: Verben

Wörter, die uns sagen, was jemand tut oder was passiert, nennen wir Verben.
Verben schreiben wir klein.

1. Woran erkennt Malte die Tiere?
2. Welche Verben passen zu den Tieren?

   Die Katzen ⭐.   Die Hunde ⭐.

   Die Hähne ⭐.   Die Kühe ⭐.

   Die Hühner ⭐.   Die Ziegen ⭐.

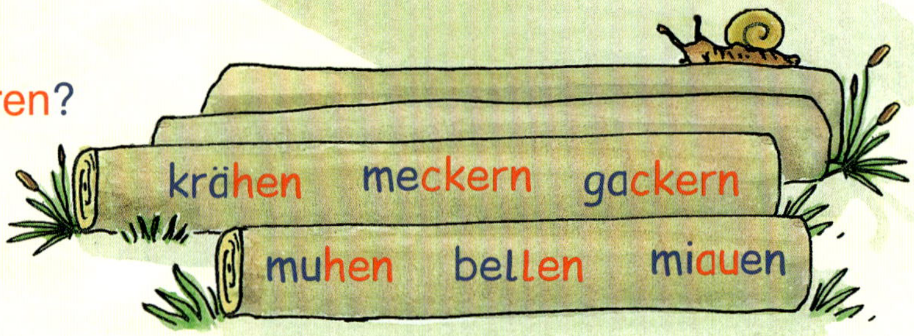

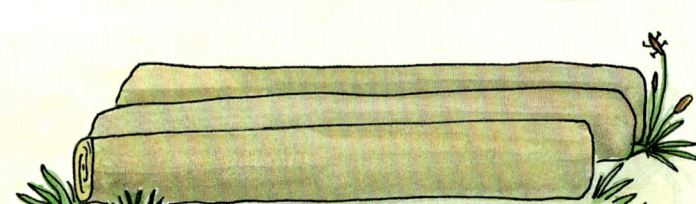

krähen   meckern   gackern
muhen   bellen   miauen

3. Schreibe auf, was die Tiere tun:
   Die Katzen miauen.

Was Tiere tun: Nomen oder Verben?

1. **Ich:** Welche Wörter sind Nomen? Welche Wörter sind Verben? Überlege.
   Du: Wie ordnet dein Partner die Wörter? Tauscht euch aus.
   Wir: Woran erkennt ihr die Nomen?

2. Zeichne eine Tabelle und trage die Wörter ein:

Nomen	Verben
die Affen	klettern

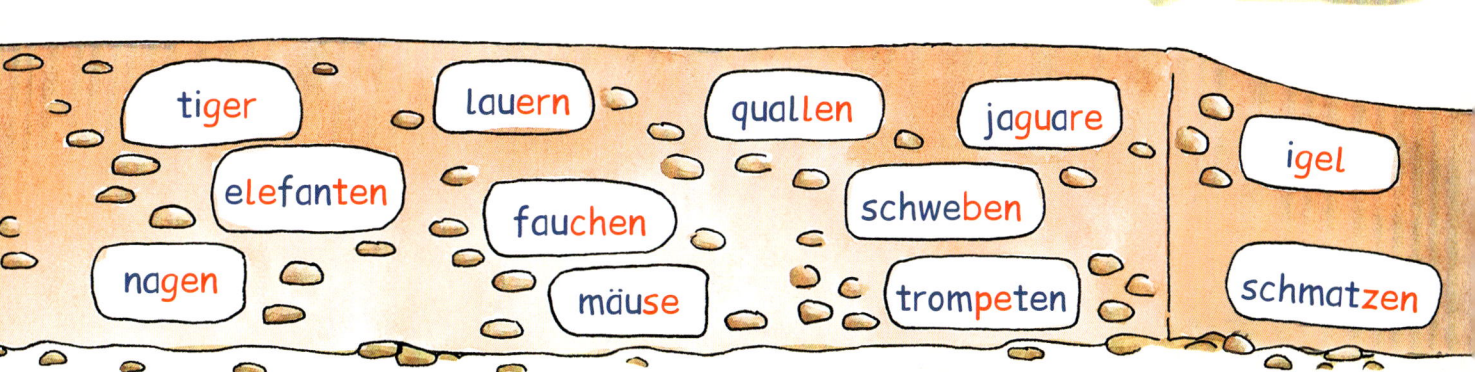

3. Hier sind auch die Nomen kleingeschrieben.
   Schreibe die Wörter richtig in die Tabelle von Aufgabe 2.

4. Ordne die Verben nach dem Abc.

Lang oder kurz?

Hanna und Malte schreiben Tiernamen in Häuschen.

So können sie entscheiden, wie man das Wort richtig schreibt.

1. Wie entscheiden Hanna und Malte, in welches Häuschen sie den Tiernamen schreiben?

Häuschenprobe: A oder C?

Sprich ein Wort auf beide Arten. So kannst du entscheiden, ob ein Doppelkonsonant geschrieben wird.

2. Schreibe die Tiernamen in die richtigen Häuschen.

b/bb: Ro?e

w/ww: Lö?e

m/mm: Schi?el

s/ss: Ha?e

3. Hanna und Malte haben mit den Tieren ein Domino angefertigt.

Schreibe die Tiernamen und die passenden Verben:

Ratten nagen

Schimmel …

Denke dabei an die Häuschen A und C.

4. Schreibe die Tiernamen und die Verben richtig auf Kärtchen.

5. Stellt weitere Dominokärtchen mit Tieren und passenden Verben her. Tauscht die Kärtchen mit anderen Kindern und spielt Domino.

Was Tiere tun

1. Wie wird das Wort am Satzanfang geschrieben?
   Was steht am Satzende?

2. Was tun die Tiere? Bildet Sätze.

3. Schreibe die Sätze:
   Die Hunde bellen.

Aussagesatz
Am Satzanfang schreiben wir groß.
Am Satzende steht ein Punkt.

bel
ckern
ga
au
blö
en
ken
ckern
me
len
mu
hen
mi

Satzmodell für einfachen Aussagesatz

Tierische Sätze würfeln

Hanna und Malte würfeln
und schreiben die Sätze auf.

 Die Affen klettern.

 Die Bären brummen.

 Die Hunde bellen.

 Die Jaguare lauern.

⚃ Die Papageien sprechen.

⚅ Die Tiger fauchen.

So könnt ihr ein Würfeldiktat schreiben:

Lies jeden Satz leise.

Decke den Satz ab.

Schreibe den Satz auswendig mit zwei Farben auf.
Sprich jede Silbe mit.

1. Würfle und schreibe die Sätze ab.
   Schreibe jeden Satz nur einmal.

   ⚁ Die Bären brummen.

2. Schreibe sechs Sätze auf ein Blatt
   und überprüfe die Rechtschreibung
   mit dem Wörterbuch.

   ⚀ Die Kinder spielen.

   ⚁

3. Tausche das Blatt mit deinem Partner aus.
   Würfle und schreibe die Sätze.

Was habe ich gelernt? – 2

Abc (Seite 18 – 23, Lösungsbeilage Seite 2)

1. Schreibe die Wörter mit den richtigen Vokalen auf.
   Welcher Vokal steht immer in der 2. Silbe?

G✶b✶l   W✶ss✶r   V✶g✶l   F✶nst✶r   F✶ng✶r   T✶b✶

2. Ordne die Wörter nach dem Abc.

Haus   Cent   bezahlen   weinen   Sonne   Euro

3. Ordne die Wörter nach dem Abc.
   Achte dabei auch auf den zweiten Buchstaben.

Gemüse   Erde   grün   Brot   Buch   Euro

4. Schlage die Wörter im Wörterbuch nach und
   schreibe sie mit Seitenzahl und Spalte auf.

    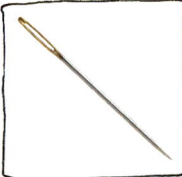 

Verben (Seite 26 – 29, Lösungsbeilage Seite 2)

5. Schreibe alle Verben auf.

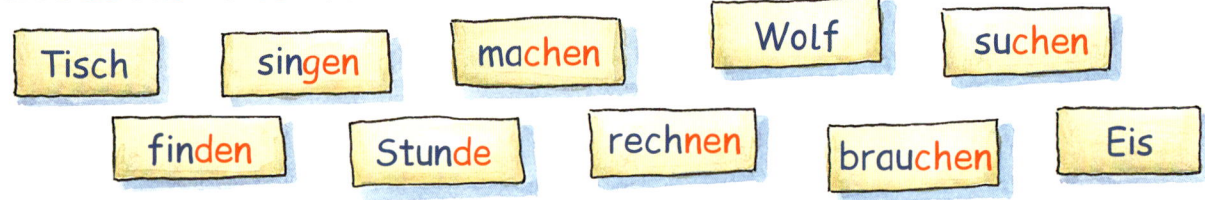

Tisch   singen   machen   Wolf   suchen   finden   Stunde   rechnen   brauchen   Eis

Sätze (Seite 30, 31, Lösungsbeilage Seite 2)

6. Bilde passende Sätze.

die Kinder   die Autos   die Blumen   die Vögel   die Hunde   fliegen   spielen   hupen   blühen   bellen

Doppelkonsonanten (Seite 24, 25, 28, 29, Lösungsbeilage Seite 2)

7. l oder ll? Denke an die Häuschen.

Großschreibung (Seite 30, 31, Lösungsbeilage Seite 2)

8. Im folgenden Text sind alle Nomen und die Satzanfänge kleingeschrieben. Schreibe den Text richtig auf.

auf dem bauernhof

malte und hanna besuchen einen bauernhof.
dort können sie viele tiere sehen.
die kühe grasen auf der weide hinter dem haus.
der hahn steht auf dem misthaufen und kräht laut.
die bäuerin fährt mit dem traktor auf den hof.
sie begrüßt die kinder freundlich und
gibt ihnen ein glas frische milch zu trinken.
schmeckt das lecker!

Lerntagebuch

Schreibe in dein Lerntagebuch, was du gelernt hast.
Wie gut kannst du die Aufgaben? Male 🙂 😐 ☹.
Was möchtest du noch üben?

Was habe ich gelernt?

- Ich kann Wörter nach dem Abc ordnen.
- Ich erkenne Verben und schreibe sie klein.
- Ich kann offene und geschlossene Silben unterscheiden.
- Ich kann Wörter in Häuschen C eintragen.

Das möchte ich noch üben:

Der Herbst ist wieder da

1. Ich: Woran erkennst du, dass der Herbst wieder da ist? Sammle Herbstwörter.
   Du: Welche Wörter hat dein Partner gefunden? Tauscht euch aus.
   Wir: Gestaltet in der Gruppe ein Plakat mit euren Herbstwörtern.

2. Stellt euch gegenseitig die Plakate vor.

3. Was hast du im Herbst erlebt?

Verben

Die wir-Form ist wie die Grundform der Verben.
laufen – wir laufen

Hanna und Malte erleben den Herbst.
Sie erzählen:

| Wir | sammeln
pflücken
basteln
hören
sehen | Blätter.
Äpfel.
Windräder.
den Wind.
einen Vogelschwarm. |

4. Schreibe so in dein Heft:
   Wir sammeln Blätter.

5. Was machst du im Herbst? Schreibe auf.

Die er-Form

Leaves (Grundform): heulen, pflücken, gehen, stürmen, wehen, fliegen, fegen, spielen, hören

Acorns (er-Form): hört, heult, fliegt, spielt, geht, pflückt, weht, fegt, stürmt

1. Zu jedem Blatt passt eine Eichel.
   Ordnet die er-Formen den passenden Grundformen zu.

2. Schreibe die Verben in der Grundform mit der passenden er-Form auf:

Grundform	er-Form
heulen	er heult

Verben

Die er-Form hat die Endung „-t".
spielen – er spielt

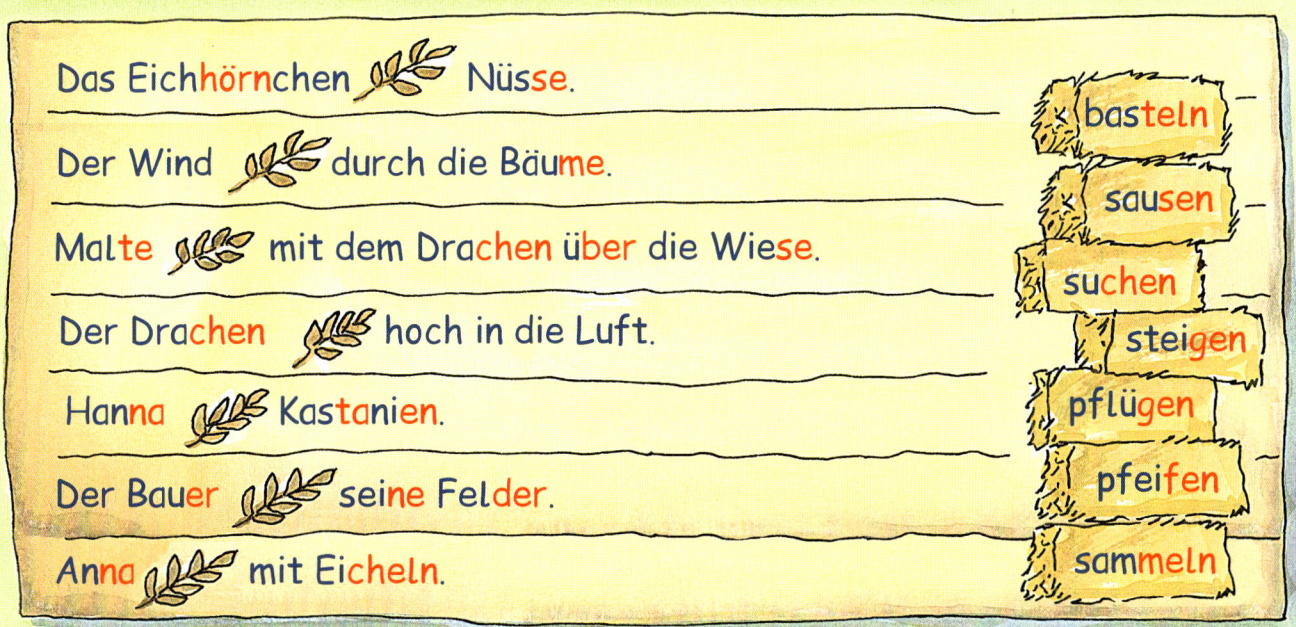

Das Eichhörnchen _____ Nüsse.

Der Wind _____ durch die Bäume.

Malte _____ mit dem Drachen über die Wiese.

Der Drachen _____ hoch in die Luft.

Hanna _____ Kastanien.

Der Bauer _____ seine Felder.

Anna _____ mit Eicheln.

Strohballen: basteln, sausen, suchen, steigen, pflügen, pfeifen, sammeln

3. Ergänze die Sätze mit den Verben aus den Strohballen in der er-Form:
   Das Eichhörnchen sammelt Nüsse.

Die er-Form mit Doppelkonsonant

1. Warum schreiben wir rennt mit nn?
   Begründet.

2. Schreibe die Verben aus dem Regal in das C-Häuschen und schneide aus.

3. Knicke nach dem ersten Garagenplatz.
   Wie heißt der Wortstamm?

4. Schreibe in dein Heft und markiere den Wortstamm:

Grundform	er-Form
rennen	er rennt

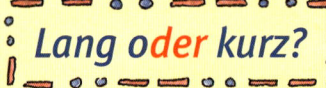
Lang oder kurz?

5. Klatscht und sprecht die Verben.

6. Schreibe die Verben in Häuschen A oder Häuschen C.

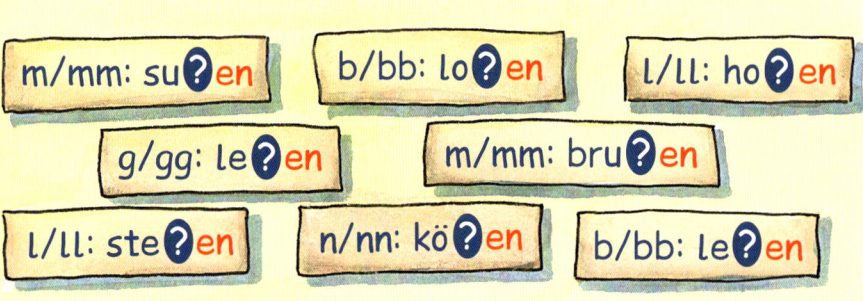

m/mm: su?en   b/bb: lo?en   l/ll: ho?en
g/gg: le?en   m/mm: bru?en
l/ll: ste?en   n/nn: kö?en   b/bb: le?en

Verb-Probe

1. Schritt

Sagt das Wort,
- was jemand tut?
- was passiert?

2. Schritt

Kann man die ich-Form bilden?

ich sage

1. Wie entscheidet Malte, ob ein Wort ein Verb ist?

2. Finde fünf weitere Verben in der Wörterschlange.
   Wende die Verb-Probe an.
   sagen: ich sage

SAGENHAUSABERLESENRENNENBRUNNENFAHRENSOREDENSUPPEKOMMEN

3. Verben haben verschiedene Endungen.
   Wie lauten sie?

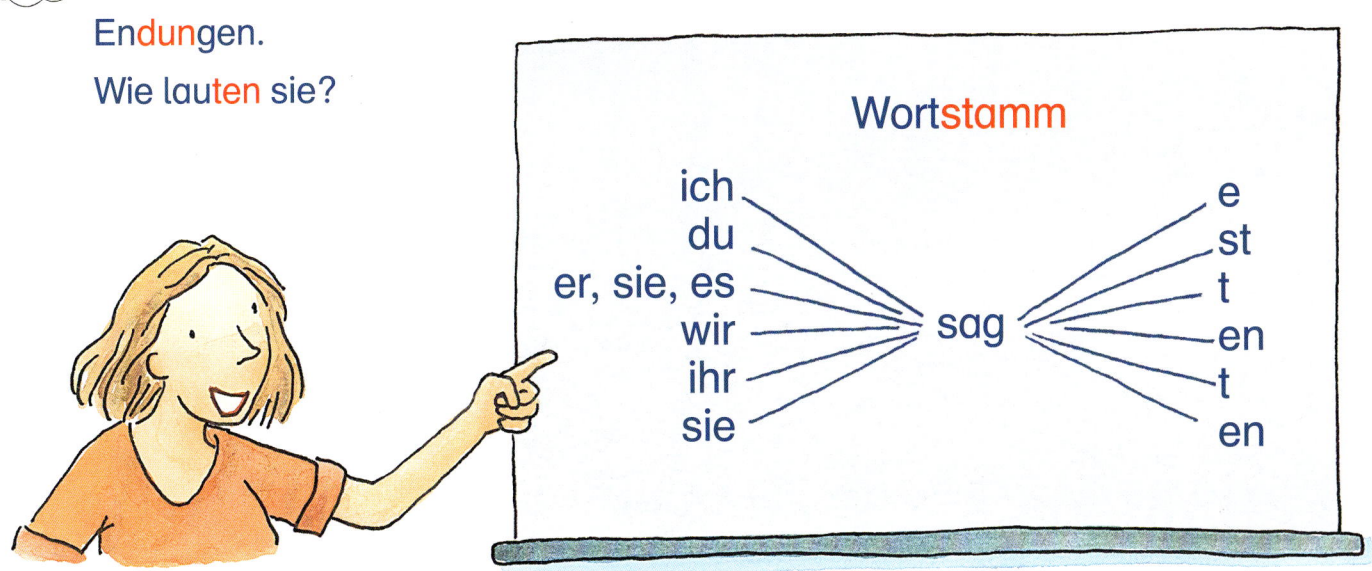

Wortstamm

ich — e
du — st
er, sie, es — t
wir — sag — en
ihr — t
sie — en

4. Schreibe alle Verbformen:

sagen   kommen   schreiben   rechnen   holen

sagen:
ich sage, du sagst, er sagt, sie sagt, es sagt, wir sagen, ihr sagt, sie sagen

Umlaute Ä/ä und Äu/äu – Wir leiten ab

a → ä

Gras – Gräser
– Männer
– Äpfel
– Äste

au → äu

Baum – Bäume
– Mäuse
– Schläuche
– Kräuter

Gräser schreibe ich mit „ä", weil …

Häuser schreibe ich mit „äu", weil …

Umlaut

Ä, ä, Ö, ö, Ü, ü sind Umlaute.
a → ä   au → äu

1. Wann wird ein Wort mit ä oder äu geschrieben?

2. Finde zu jedem Nomen an der Tafel das passende Nomen in der Einzahl. Schreibe so: das Gras – die Gräser

3. Schreibe verwandte Wortpaare so auf: rauben – Räuber

träumen, rauben, Räuber, färben, stark, warm, stärken, Farbe, aufräumen, Raum, braun, wärmen, Traum, bräunen

Feldmäuse

Aussehen:
bräunliches Fell,
kurzes Schwänzchen

Lebensraum:
lichte Wälder,
offenes Gelände

Nahrung:
Kräuter, Gräser, Getreide,
Sämereien

4. Was erfahrt ihr über die Feldmäuse?

5. Schreibe zu jedem Wort mit ä oder äu ein verwandtes Wort.

6. Beschreibe die Feldmäuse in ganzen Sätzen. Feldmäuse haben … Sie leben … Sie fressen …

Wir leiten ab

In den Drachen befinden sich Wortstämme verschiedener Verben.

1. Bilde die Grundform und die er-Form:

Grundform	er-Form
fallen	er fällt

2. Welche Verben aus Aufgabe 1 passen? Schreibe in dein Heft.

Das Mädchen 🍂 den Korb.
Das Auto 🍂 schnell.
Der Junge 🍂 im Bett.
Die Katze 🍂 eine Maus.

Das Mädchen 🍂 schnell.
Der Vater 🍂 die schmutzige Hose.
Das Blatt 🍂 vom Baum.
Der Wind 🍂 stark.

*Schleich*diktat

Lege den Text an eine Stelle im Klassenzimmer.

Schleiche zu deinem Text.
Lies dir einen Satz genau durch.
Merke dir den Satz gut.

Schleiche zurück an deinen Platz.
Schreibe den Satz aus dem Gedächtnis auf.
Sprich die Wörter leise mit.
Schreibe so den gesamten Text.

Hole den Text leise zu deinem Platz.
Überprüfe und verbessere.

Schreibe diesen Text als Schleichdiktat in dein Heft.

Herbst

Im Herbst weht der Wind.
Er bläst die Blätter von den Bäumen.
Die Kinder sammeln Eicheln und Kastanien.
Sie rennen über die Felder.
Sie lassen den Drachen steigen.
Das ist schön.

Hanna und ihr Drachen

1. Betrachtet die Bilder. Erzählt die Geschichte.

2. Ordnet jedem Bild den passenden Satz zu.

Hanna und ihr Drachen

a) Plötzlich stürzt der Drachen ab.

b) Mit einer Leiter holt die Mutter den Drachen herunter.

c) Es ist Herbst. Hanna lässt auf einer Wiese ihren Drachen steigen.

d) Er bleibt im Baum hängen.

3. Schreibe die Geschichte in der richtigen Reihenfolge auf.

4. Wie könnte die Geschichte weitergehen?
   Schreibe den Schluss der Geschichte.

Was habe ich gelernt? – 3

Verben (Seite 34 – 39, Lösungsbeilage Seite 2, 3)

1. Finde die Verben und schreibe sie auf.

SINGENKINDSORECHNENSCHREIBENFAMILIEBALDROSENFINDENFÜHREN

2. Schreibe den Wortstamm folgender Verben auf:

bellen   reisen   schlafen   bremsen   reden   wünschen

3. Ergänze die Sätze mit einem passenden Verb in der er-Form.

Ben _____ mit seinem Freund Fußball.
Aysun _____ ein Bild für ihre Tante.
Timo _____ über einen Witz.
Gökhan _____ gerne Limonade.
Hanna _____ einen Brief an ihre Freundin.
Eva _____ mit ihrem Hund in den Park.

lachen, gehen, trinken, malen, spielen, schreiben

4. Bilde die er-Form. Denke dabei an die Häuschen A und C.

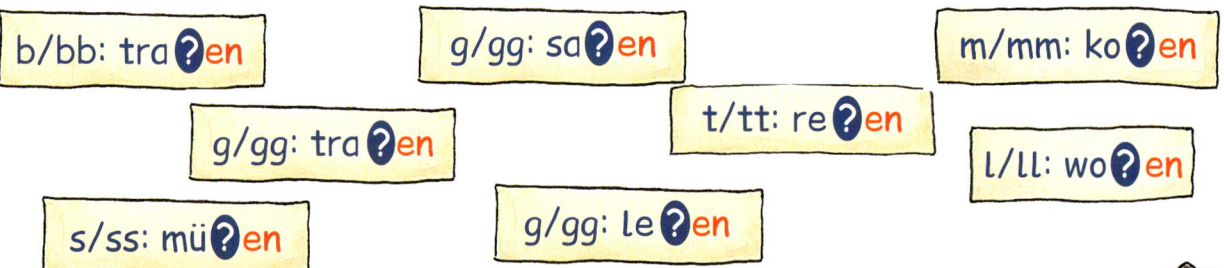

b/bb: tra?en   g/gg: sa?en   m/mm: ko?en
g/gg: tra?en   t/tt: re?en   l/ll: wo?en
s/ss: mü?en   g/gg: le?en

5. Schreibe den Text mit den richtigen Verbformen ab.

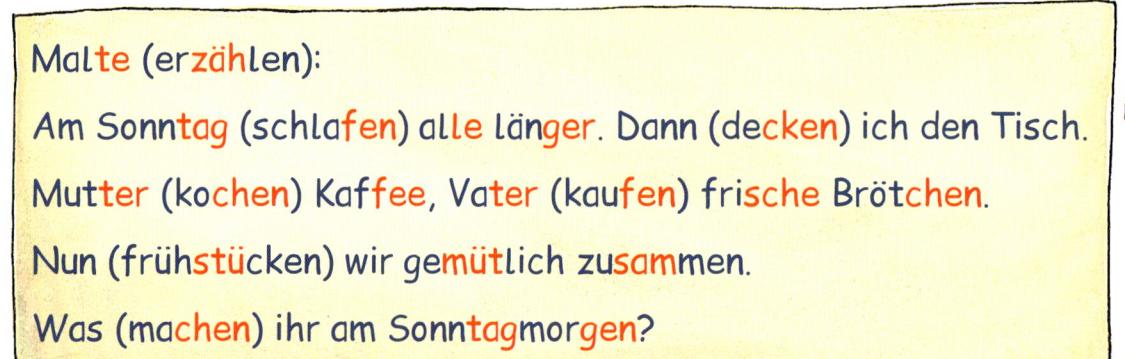

Malte (erzählen):
Am Sonntag (schlafen) alle länger. Dann (decken) ich den Tisch.
Mutter (kochen) Kaffee, Vater (kaufen) frische Brötchen.
Nun (frühstücken) wir gemütlich zusammen.
Was (machen) ihr am Sonntagmorgen?

Umlaute Ä/ä, Äu/äu (Seite 40, 41, Lösungsbeilage Seite 3)

6. Schreibe die Wörter in der Einzahl und in der Mehrzahl mit Artikel auf. Setze E/e oder Ä/ä ein.

Gr?ser, ?pfel, Br?tter, L?mmer, ?ste
K?mme, M?nner, ?nten, G?nse, D?lfine

7. Schreibe die Wörter in der Einzahl und in der Mehrzahl mit Artikel auf. Setze Äu/äu oder Eu/eu ein.

M?se, B?me, ?le, Schl?che, R?ber
Sch?ne, B?che, H?ser, B?le, Tr?me

8. Schreibe die Grundform und die er-Form auf. Setze ä oder e ein.

er tr?gt, er l?bt, er h?lt, er f?hrt, er f?gt
er bl?st, er schl?ft, er l?sst, er f?llt, er st?llt

Lerntagebuch

Schreibe in dein Lerntagebuch, was du gelernt hast.
Wie gut kannst du die Aufgaben? Male 🙂 😐 🙁.
Was möchtest du noch üben?

Was habe ich gelernt?

- Ich erkenne Verben und schreibe sie klein.
- Ich erkenne den Wortstamm.
- Ich kann alle Verbformen bilden.
- Ich kann entscheiden, wenn die er-Form mit einem Doppelkonsonanten geschrieben wird.
- Ich kann entscheiden, wann ein Wort mit Ä/ä oder Au/Äu geschrieben wird.

Das möchte ich noch üben:

3. Baue eine Satztreppe wie Sina und Malte.
   Schreibe alles auf Papierstreifen und
   zerschneide die Sätze an der richtigen Stelle.
   Lege die Adjektive dazwischen.

4. Schreibe die Satztreppe in dein Heft:
   Sie hat einen …

5. Was kannst du noch beschreiben?
   Schreibe wie bei Aufgabe 4.

Das bin ich

Ich heiße Hanna Müller.
Meine Augen sind blau.
Meine Haare sind lang und blond.
Mein Pullover ist rot und warm.
Meine Hose ist braun und lang.
Meine Schuhe sind braun.

1. Wie beschreibt sich Hanna?

2. Fertige ein „Das bin ich"-Blatt an:
   Beschreibe dich selbst und male ein Bild von dir dazu.

3. Stellt eure Beschreibungen vor und hängt sie in der Klasse auf.

Hanna stellt andere Kinder vor.

Lea

Max

Aysun

Keno

Luise

geschickt
lustig
sportlich
fleißig
musikalisch

Lea ist lustig.
Hier ist die
lustige Lea.

4. Ordne den Kindern die Adjektive zu und schreibe so:
   Lea ist lustig. –
   Hier ist die lustige Lea.

5. Schreibe fünf weitere Satzpaare.
   Die Aufgabe ist leicht. –
   Das ist eine leichte Aufgabe.

Personenbeschreibung; Adjektive

Gefühle sind nicht immer gleich

So fühlt sich Hanna manchmal …

a) 　b) 　c) 　d)

e) 　f) 　g) 　h)

1. Betrachtet die Bilder. Wie könnte sich Hanna fühlen? Woran erkennt ihr das?

Ich denke, Hanna ist fröhlich, weil …

Ich vermute, Hanna ist …

Ich meine, dass Hanna …

2. Ordne die Adjektive den Bildern zu.
   a) Sie ist traurig.
   b) Sie ist …

zornig　fröhlich　traurig　mutig
satt　durstig　müde　ängstlich

3. Wann fühlst du dich fröhlich, ängstlich, zornig …?

4. Ich: Finde fünf Adjektive und schreibe sie auf.
   Du: Stelle deinem Partner die Adjektive vor.
   Wählt zwei Adjektive aus. Wie könnt ihr sie pantomimisch darstellen?
   Wir: Stellt die Adjektive pantomimisch der Klasse vor.

Adjektive

Adjektiv-Probe

1. Schritt
Beantwortet das Wort folgende Fragen:
- Wie ist jemand?
- Wie ist etwas?

2. Schritt
Kann ich das Wort zwischen Artikel und Nomen setzen?

das kleine Kind
der runde Ball

3. Schritt
Gibt es ein gegensätzliches Wort?

groß – klein
rund – eckig

1. Wie findet Hanna heraus, ob ein Wort ein Adjektiv ist?

2. Schreibe zu jedem Adjektiv das gegensätzliche Wort so auf:

   nicht dunkel, sondern hell

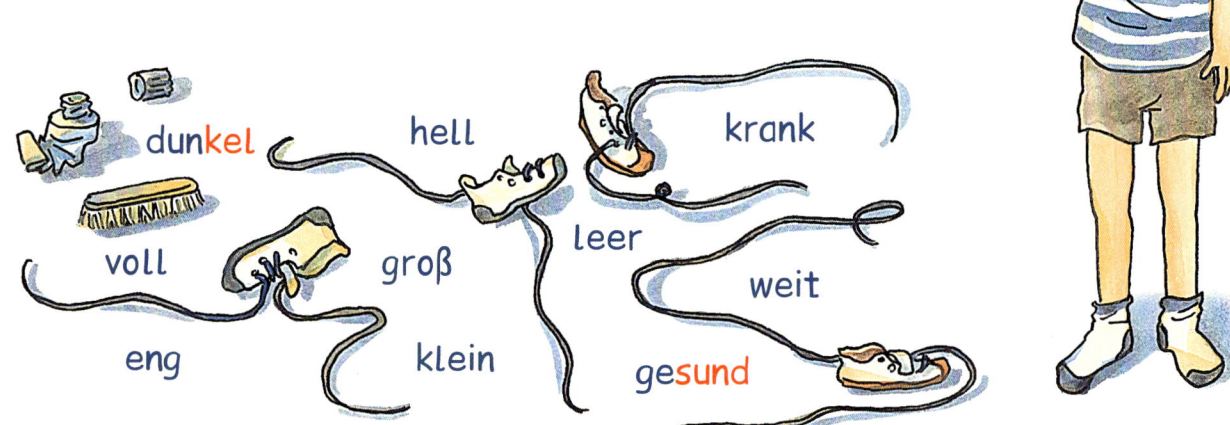

dunkel, hell, krank, voll, groß, leer, weit, eng, klein, gesund

3. Kennst du noch mehr Gegensatzpaare? Schreibe wie in Aufgabe 1.

4. Finde die Adjektive und wende die Adjektiv-Probe an.
   fleißig
   1. Der Junge ist fleißig.
   2. der fleißige Junge
   3. fleißig – faul

FLEIßIG, FUß, NEU, GUT, ABER, MUND, SCHÖN, BÖSE, LEBEN

Wörter mit ß

1. Finde die Reimwörter und schreibe so:
   Fuß – Gruß

2. Trage die Wörter aus der Wörterschlange in die Tabelle ein.

Nomen	Verben	Adjektive
Spaß		

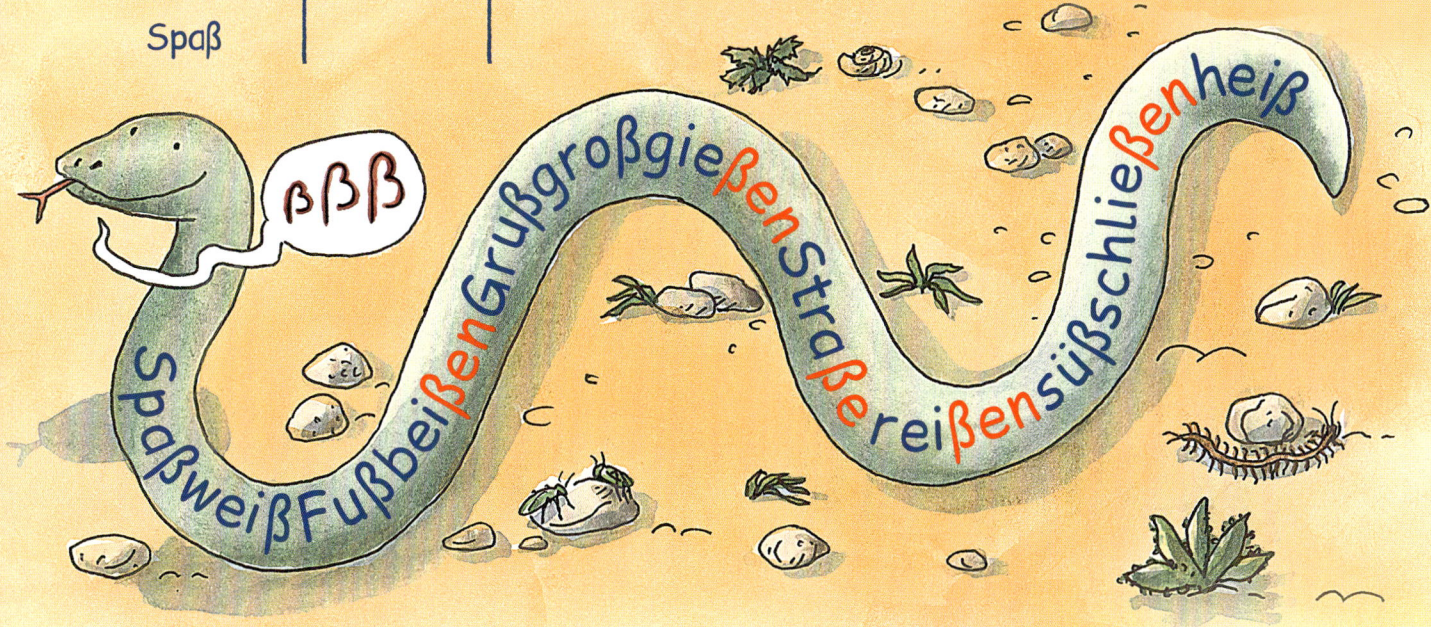

Heute ist es hei◯.
Die Kinder sind drau◯en im Garten und spielen Fu◯ball. Plötzlich fliegt der Ball auf die Stra◯e. Das ist kein Spa◯, das kann gefährlich werden.

3. Schreibe den Text in dein Heft und ergänze die fehlenden Buchstaben:
   Heute ist …

Bei uns zu Hause

Für Familie Müller gibt es viel zu tun.
Es ist gut, dass sich alle die Arbeit teilen.

1. Welche Arbeiten erledigen die einzelnen Familienmitglieder?

2. Schreibe auf, was bei Familie Müller jeder tut:
   Hanna saugt den Teppich.

Hanna	kaufen
Ben	bügeln
Eva	putzen
Mutter	kochen
Vater	saugen

den Teppich
eine Suppe
den Boden
die Wäsche
Brot

3. Welche Aufgaben übernehmen die Familienmitglieder bei dir zu Hause?
   Schreibe auf.

r nach Vokal

1. Welche Arbeiten werden in der Küche erledigt?
2. Sprecht die Wörter mit einem r nach einem Vokal deutlich und gebärdet jeweils das r.
3. Schreibe den folgenden Text ab und ergänze die fehlenden Wörter.
Unterstreiche alle r nach einem Vokal.

4. Lass dir die Wörter von deinem Partner diktieren.
Unterstreiche alle r nach einem Vokal.

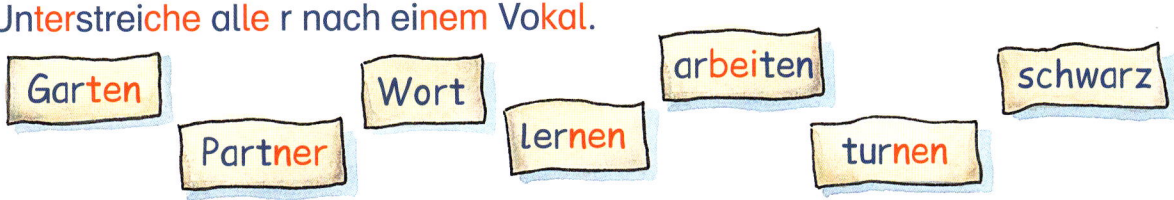

Höflich miteinander sprechen

1. Was ist geschehen? Erzählt zu den Situationen A, B, C und D.

2. Wie sprecht ihr höflich mit anderen?
   Die Bilder unten können helfen.

3. Spielt verschiedene Szenen der Klasse vor.

54 Gesprächsanlass: Höflich miteinander sprechen

Partnerdiktat

Finde einen Partner.
Lest beide den Text gut durch.
Wer diktiert zuerst?

Lies deinem Partner immer zuerst den ganzen Satz vor.
Diktiere immer bis zum Schrägstrich.

Danach diktiert dir dein Partner den Text.

Tauscht die Hefte.
Überprüft die Diktate mit der Vorlage.
Unterstreicht die Fehler.
Tauscht die Hefte wieder.

Schreibt die fehlerhaften Wörter richtig in euer Heft.

 Schreibt den Text als Partnerdiktat ins Heft.

Meine Familie

Ich wohne / mit meinen Eltern / und meinem Bruder /
in einem großen Haus.
Bei uns / gibt es / viel zu tun.
Mutter kocht / und bügelt.
Vater saugt / und spült die Teller.
Mein Bruder / und ich / räumen / unsere Zimmer auf.
So sind wir / schnell fertig.

Was habe ich gelernt? – 4

Adjektive (Seite 46 – 49, Lösungsbeilage Seite 3)

1. Bilde eine Satztreppe. Setze die Adjektive in der richtigen Form ein.

2. Finde die Adjektive und schreibe die Gegensatzpaare auf.

Wörter mit ß und mit r nach Vokal (Seite 51, 53, Lösungsbeilage Seite 3)

3. Schreibe die Sätze ab und ergänze die Wörter mit ß.

4. Sprich die Verben deutlich und gebärde alle r nach dem Vokal. Schreibe zu jedem Verb die er-Form und unterstreiche alle r.

Verben (Seite 52, Lösungsbeilage Seite 4)

5. Schreibe den Text ab und ergänze die Verben in der richtigen Form.

> Ich (haben) einen älteren Bruder. Er (heißen) Ben.
> Am Samstag (helfen) wir unseren Eltern im Haushalt.
> Eva (wischen) den Boden. Ben (gehen) zum Bäcker.
> Ich (saugen) die Zimmer und (putzen) das Waschbecken.
> Was (machen) du zu Hause?
> Wenn alle mit (anfassen), (können) ihr eher etwas gemeinsam unternehmen.

Doppelkonsonanten (Seite 28, 29, Lösungsbeilage Seite 4)

6. Schreibe die Wörter richtig auf. Denke an die Häuschen A und C.

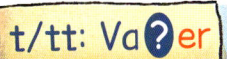 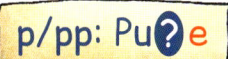 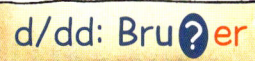 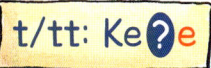 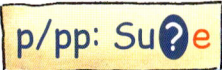

t/tt: Va?er — p/pp: Pu?e — d/dd: Bru?er — t/tt: Ke?e — p/pp: Su?e

 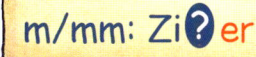 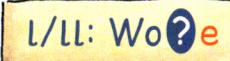 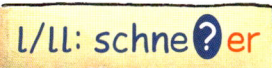

l/ll: Te?er — m/mm: Zi?er — l/ll: Wo?e — l/ll: schne?er

Lerntagebuch

Schreibe in dein Lerntagebuch, was du gelernt hast.
Wie gut kannst du die Aufgaben? Male ☺ 😐 ☹.
Was möchtest du noch üben?

Was habe ich gelernt?

- Ich erkenne Adjektive und schreibe sie klein.
- Ich kann eine Satztreppe mit Adjektiven bilden.
- Ich kenne Wörter mit ß.
- Ich kann Wörter mit r nach einem Vokal richtig schreiben.
- Ich kann alle Verbformen bilden.

Das möchte ich noch üben:

Advent – Weihnachten

1. Was bereiten die Kinder der Klasse 2c für Weihnachten vor? Erzählt.

2. Ich: Welche Ideen hast du für Weihnachten? Schreibe sie auf ein Blatt.
   Du: Welche Vorschläge hat dein Partner? Wählt einen Vorschlag aus.
   Wir: Stellt eure Vorschläge der Klasse vor und stimmt darüber ab, welche Vorschläge ihr umsetzen wollt.

Hanna	flöten	ein Lied
Malte	falten	Sterne
Aysun	schneiden	mit der Schere
drei Jungen	backen	Plätzchen
die Lehrerin	schmücken	das Fenster

3. Bilde Sätze und schreibe so in dein Heft:

Hanna flötet ein Lied.

Einfache Sätze bilden

Wunschzettel

Mein Wunschzettel
Ich wünsche mir eine Ritterburg, ein Märchenbuch und einen Fußball.
Ich wünsche mir auch, dass meine Oma wieder gesund wird.
Malte

1. Lest Maltes Wunschzettel. Kann man alle Wünsche kaufen?

2. Nennt weitere Wünsche, die man nicht kaufen kann.

3. Was wünschst du dir?
   Schreibe deinen Wunschzettel.

4. In Maltes Wunschzettel sind vier zusammengesetzte Nomen. Aus welchen Nomen bestehen sie?

5. Schreibe die zusammengesetzten Nomen so auf:
   der Wunsch, der Zettel: der Wunschzettel

6. Bilde aus den Nomen zusammengesetzte Nomen.
   Schreibe wie in Aufgabe 5.

> **Zusammengesetzte Nomen**
>
> Nomen kann man zusammensetzen. Sie besitzen den Artikel des letzten Nomens.
> der Ritter, die Burg: die Ritterburg

Spielzeug, Puppen, Eisen, Detektiv, Kasper, Ohr

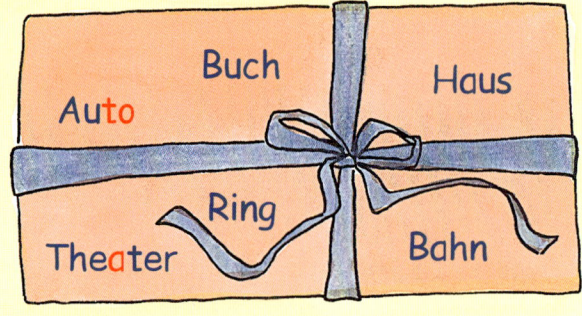

Buch, Haus, Auto, Ring, Theater, Bahn

Das Verbindungs-s

Adventskalender

Advent + Kalender → s → Adventskalender

Lieder
Kerze
Gedicht
Kranz

Was müsst ihr bei einigen zusammengesetzten Nomen beachten?

1. Welche Adventswörter könnt ihr noch bilden? Sprecht sie deutlich. Was ist anders als bei den zusammengesetzten Nomen von Seite 60?

2. Schreibe die Adventswörter so auf. Denke an das Verbindungs-s:
   der Advent, der Kalender: der Adventskalender

Weihnacht-s-wörter: Engel, Karte, Baum, Freude, Gruß, Post, Sterne, Fest, Brief, Zeit

3. Bilde Weihnachtswörter und schreibe wie bei Aufgabe 2. Denke auch hier an das Verbindungs-s.

4. Was machst du in der Advents- oder Weihnachtszeit? Verwende die Advents- oder Weihnachtswörter für deinen Text.

Wir backen Butterplätzchen

Malte und seine Familie wollen Plätzchen backen.
Leider ist das Rezept schon ganz verkleckert.

Rezept für Butterplätzchen
500 g M____
½ Päckchen Back____
1 Päckchen Vanille____
125 g Zu__er
250 g B__ter
2 Ei__

1. Schreibe die Zutatenliste ab und ergänze die fehlenden Buchstaben:
   Zutaten für Butterplätzchen
   500 g ...

Malte bereitet den Teig zu:

Zuerst siebt man das ____ in eine Schüssel.
Dann fügt man ____r, ____r, ____
1 Päckchen ____ und
ein ½ Päckchen ____ dazu.
Nun verknetet man alle Zutaten.
Anschließend lässt man den Teig eine Stunde im Kühlschrank ruhen.

2. Schreibe den Text ab und ergänze die Zutaten:
   Zuerst siebt ...

In der Küche

1. Wer macht was? Erzählt.
2. Stellt es spielerisch dar.

| knetet Mutter den Teig. | den Teig rollt aus. Malte | pinselt das Blech Vater mit Butter ein. | Lena Plätzchen sticht aus und auf das Blech. legt sie | Arne das Blech in den Backofen. schiebt |

3. Schreibe auf, was jeder macht:
   Mutter knetet den Teig.

4. Welche Wörter gehören zusammen?
   Zeichne eine Tabelle und schreibe so:

Grundform	er-Form
kneten	sie knetet

5. Was sind deine Lieblingsplätzchen?
   Schreibe das Rezept auf ein Blatt.

6. Sammelt die Rezepte in der Klasse und macht ein Buch daraus.

knetet, rollt aus, pinselt ein, sticht aus, legt auf, schiebt, ausrollen, kneten, einpinseln, schieben, ausstechen, auflegen

Gesprächsanlass: Vorgangsbeschreibung; Rollenspiel; Purzelsätze; er-Form

k oder ck – Lang oder kurz?

1. Sprecht und klatscht die Nomen.

2. Schreibe die Nomen in Häuschen A oder Häuschen C.

So?en

We?er

Ha?en

Schne?e

Kü?en

E?e

Flo?en

Kra?e

Bä?er

Sä?e

3. Sprecht und klatscht die Verben.

4. Trage die Verben in Häuschen A oder Häuschen C ein.

we?en   schle?en   hä?eln
ste?en   drü?en   pflü?en   pa?en
sich rä?eln   schmü?en   kna?en

5. Schreibe die Sätze ab und setze k oder ck ein.
Sprich und klatsche die Grundform.
Vater ...

Vater schmü?t den Baum.
Mutter ba?t Plätzchen.
Oma stri?t So?en.
Hanna hä?elt Topflappen.

nk oder ng – Höre den Unterschied

1. Wann schreibt ihr nk oder ng?

2. Immer zwei Wörter reimen sich. Finde die Wortpaare und schreibe so:
   schenken – lenken, ...
   winken – ...

3. Schreibe die Sätze ab und ergänze ng oder nk.
   Die Kinder singen ...

4. Besprecht eure Ergebnisse.

Die Kinder si?en Weihnachtslieder.
Im Schra? liegen die Kleider.
Manchmal si?en Schiffe im Meer.
Der Großvater liest dem E?el vor.
Der Hund spri?t hoch.
Im Hafen gehen viele Schiffe vor A?er.
Sie basteln E?el aus Goldpapier.
Er deutet mit dem Fi?er auf ein Schiff.

Wortbausteine: -en, -el, -er

Max freut sich schon auf Weihnachten.
Er hat ein Foto ausgeschnitten und Sätze dazugeschrieben.

Wir kau<u>fn</u> gemeinsam einen Weihnachtsbaum.
<u>Vata</u> stellt den Baum im Wohnzimmer auf.
Meine <u>Schwesta</u> und ich schmücken ihn mit ro<u>tn</u> Ku<u>gln</u>.

Die Lehrerin hat die Wörter unterstrichen, die falsch geschrieben sind.

1. Ich: Schau dir die unterstrichenen Wörter genau an.
   Was hat Max nicht beachtet?
   Du: Was hat dein Partner herausgefunden?
   Schreibt die Wörter richtig auf.
   Wir: Warum hat die Lehrerin die Wörter unterstrichen?
   Sprecht über eure Begründungen in der Klasse.

Ich schreibe die Wörter in Häuschen.

Wortbausteine -en, -el, -er

Das e in den Wortbausteinen -en, -el und -er kannst du am Wortende schlecht hören.
Mit den Häuschen kannst du die Schreibweise überprüfen.

2. Schreibe die Wörter ab und ergänze die Wortbausteine -en, -el oder -er.
   Vergleiche mit deinem Partner.

   Mutt___   Nad___   wünsch___   Neb___   hör___
   Nud___   Schwest___   Onk___   Fed___   Brud___
   Les___   Es___   Fenst___   mal___   Wurz___

Weihnachtsgedicht

Weihnachtsengl

alle Kinder: Mia mechtn de Weihnachtsengl sej:
1. Kind: Und i glei da Maria erschej,
Sag, dass Muattergottes wead,
2. Kind: i sag dem Josef wias ghead,
dass er ned davo laffa soi.
übrige: Mia erschreckan de Hirtn amoi,
singan Friede wead auf Erdn sei,
und sie soin zum Stoi laffa glei.

Sieglinde Ostermeier

1. Dieses Weihnachtsspiel hat Sieglinde Ostermeier auf bayrisch geschrieben. Lest die Reime. Was fällt euch auf?

2. Könnt ihr die Reime ins „Hochdeutsche" übersetzen? Vergleicht mit der Mundart.

3. Sprichst du auch einen Dialekt? Wie würden die Reime bei dir lauten?

4. Das Weihnachtsspiel könnt ihr als Klasse oder Gruppe (mindestens 4 Kinder) aufführen:
   - Teilt die Rollen auf.
   - Jedes Kind lernt seine Rolle möglichst flüssig auswendig.
   - Übt nun gemeinsam:
     Sprecht die Reime rhythmisch und verändert dabei die Betonung.

5. Ihr könnt das Weihnachtsspiel eurer Parallelklasse vorspielen oder bei einer Weihnachtsfeier aufführen.

Weihnachten in anderen Ländern

Wesołych Świąt Bozezgo Narodzenia
(Frohe Weihnachten)

Ich heiße Tomasz und komme aus Polen. Wigilia feiern wir zusammen mit meinen Großeltern, Tanten und Onkeln.

Am frühen Morgen schmücke ich mit meinen Eltern und meinen Geschwistern den Weihnachtsbaum. Danach decken wir den Tisch für den Abend. Für unerwarteten Besuch stellen wir immer einen Teller mehr hin. Wir legen unter jeden Teller ein Geldstück, daneben eine Oblate mit einem Heiligenbild.

Wenn der erste Stern am Himmel erscheint, liest uns mein Vater die Weihnachtsgeschichte vor. Dann teilen wir mit jedem unsere Oblate. Nun beginnt das Weihnachtsessen. Es gibt zwölf Gerichte. Am liebsten esse ich Rote-Bete-Suppe und Mohnkuchen. Später singen wir Weihnachtslieder und beschenken uns. Danach gehen wir alle zur Mitternachtsmesse in die Kirche.

1. Lies den Text.
2. Aus welchem Land kommt Tomasz?
3. Wie feiert Tomasz mit seiner Familie Wigilia (Heiligabend)?
4. Wie feierst du Heiligabend und Weihnachten? Schreibe auf.

Weihnachtsgrüße in anderen Sprachen

In vielen Ländern wünschen sich die Menschen ein frohes Weihnachtsfest.

- Frohe Weihnachten!
- Merry Christmas! [Merri chrismäs]
- Joyeux Noël! [Schojö Noel]
- Buon Natale! [Buo Natal]
- Feliz Navidad! [Felis Nawidad]
- God jul!

1. Lest die Weihnachtsgrüße in den verschiedenen Sprachen. Kennt ihr die Sprachen und Länder?

2. Vergleicht die Weihnachtsgrüße. Was fällt euch auf?

3. Beschreibt die Flaggen der einzelnen Länder.

4. Schreibe die Weihnachtsgrüße und das passende Land auf. Male die entsprechende Flagge dazu:
   Frohe Weihnachten: Deutschland

5. Sprich einen Weihnachtsgruß in einer Sprache. Dein Partner sagt, welche Sprache es ist.

6. Kennt ihr Weihnachtsgrüße in weiteren Sprachen?

Was habe ich gelernt? – 5

Nomen (Seite 60, 61, Lösungsbeilage Seite 4)

1. Bilde zusammengesetzte Nomen und schreibe sie auf.

Fuß, Fenster, Geburtstag, Zeitung, Schule, Dach

Ziegel, Bank, Tasche, Ball, Bericht, Torte

Wortbausteine -en, -er, -el (Seite 66, Lösungsbeilage Seite 4)

2. Schreibe die Sätze ab und ergänze die Wortbausteine -en, -er oder -el.

> Im Wint? ist es lange dunk?.
> Die Kind? mal? gerne mit einem Pins?.
> Schnitz? isst man mit Mess? und Gab?.

ng oder nk? (Seite 65, Lösungsbeilage Seite 4)

3. Schreibe den Text ab und ergänze ng oder nk.

> Timo ist kra?. Er liegt mit einer Lu?enentzündu? im Bett. Da kli?elt es an der Haustür. Sein Freund Ben kommt ihn besuchen. Er überreicht Timo ein kleines Gesche?. Timo beda?t sich bei seinem Freund. Hoffentlich dauert es nicht mehr la?e, bis er wieder gesund ist.

k oder ck? (Seite 64, Lösungsbeilage Seite 4)

4. Schreibe die Wörter auf und ergänze k oder ck.

le?er, dru?en | Ha?en, We?er | schme?en, La?en | tro?en, erschre?en | E?e, wa?eln

5. Schreibe die Sätze ab und ergänze k oder ck.

Eva hä?elt eine De?e.
Opa pflü?t Kirschen.
Oma ba?t einen Kuchen.

Sätze (Seite 59, 63, Lösungsbeilage Seite 4)

6. Bilde Sätze und schreibe sie auf.

die Jungen Eva die Katze Hanna die Kinder Aysun	spielen lesen fangen flöten lernen schreiben	Karten in ihr Tagebuch ein Lied eine Maus einen Wunschzettel ein Gedicht

7. Bilde richtige Sätze und schreibe sie auf.

Anna einen Stern auf gelbes Papier malt	schneidet aus mit einer Schere sie den Stern	an das Fenster sie klebt ihn

Lerntagebuch

Schreibe in dein Lerntagebuch, was du gelernt hast.
Wie gut kannst du die Aufgaben? Male ☺ 😐 ☹.
Was möchtest du noch üben?

Was habe ich gelernt?

- Ich kann zusammengesetzte Nomen bilden.
- Ich schreibe Wörter mit den Wortbausteinen -en, -er und -el richtig.
- Ich schreibe Wörter mit k und ck richtig.
- Ich höre den Unterschied zwischen ng und nk.

Das möchte ich noch üben:

Eigenverantwortliches Lernen mit Selbstkontrolle; Lerntagebuch

Durch das Jahr

1. **Ich:** Wie heißen die Jahreszeiten? Woran erkennst du sie?
   Du: Schreibe mit deinem Partner zu jeder Jahreszeit zwei Sätze auf.
   Im Frühling blühen die Osterglocken.
   Im Frühling …
   Wir: Stellt die Sätze in der Klasse vor.

2. Wie viele Monate hat ein Jahr? Nennt sie.

3. In welchem Monat beginnen die Jahreszeiten? Schreibe so:
   Der Frühling beginnt im ...

4. Welche Jahreszeit gefällt dir am besten? Schreibe in dein Heft und begründe.
   Der ... gefällt mir am besten, weil ...

Die Monate im Jahr

zuletzt Oktober, November, Dezember.

Es folgt August, danach September.

Es folgt der kurze Februar.

Auch Juni, Juli sind dabei.

Am Anfang steht der Januar.

Dann kommen März, April und Mai.

START
JANUAR

1. Die Raketen fliegen durcheinander.
   Schreibe in der richtigen Reihenfolge auf.
   Die Monate im Jahr
   Am Anfang ...

2. Lerne das Gedicht auswendig und trage es vor.

3. In welchem Monat habt ihr Geburtstag?

4. Gestaltet einen Geburtstagskalender.
   Jeder schreibt seinen Namen und sein Geburtsdatum auf einen Zettel.
   Ordnet diese zuerst nach den Monaten, dann nach dem Tag.
   Schreibt eure Namen und eure Geburtstage in den Kalender.

Januar | Februar 1.2. Malte | März | April 4.4. Hanna 17.4. Aysun | Mai | Juni

Wochentage

Du kennst sicher die Geschichten vom Sams.
Dann weißt du auch, was geschehen muss, damit das Sams kommt.

Am ____ muss die Sonne scheinen.

Am ____ muss Herr Mon zu Besuch kommen.

Am ____ muss Herr Taschenbier Dienst haben.

Am ____ muss Mitte der Woche sein.

Am ____ muss es donnern.

Am ____ muss Herr Taschenbier frei haben.

Wenn das alles passiert, kommt am  das .

1. Schreibe die Sätze ab
und ergänze die passenden Wochentage:
Am Sonntag muss ...

2. Zeichne die Tabelle ab und ergänze die Wochentage:

gestern	heute	morgen
	Montag	
	Donnerstag	
Samstag		
		Freitag

3. Vergleiche die Ergebnisse mit deinem Partner.

Ein Wochenende bei Oma

Timo hat mit seiner Mutter ein Wochenende bei seiner Oma verbracht.

1. Betrachtet die Bilder. Erzählt.

Mein Wochenende bei Oma

A) Am Freitag habe ich mit meiner Mutter im Supermarkt eingekauft.

B) Am Sonntagabend sind wir wieder nach Hause gekommen.

C) Am Samstagnachmittag haben wir mit Oma den Tiergarten besucht.

D) Am nächsten Tag sind wir früh zu Oma gefahren.

2. Was hat Timo über sein Wochenende berichtet?
   Schreibe in der richtigen Reihenfolge auf:
   Mein Wochenende bei Oma

3. Was hast du am letzten Wochenende gemacht?
   Berichte in deinem Heft.

4. Lest euren Wochenendbericht der Klasse vor.

5. Überprüft gemeinsam, ob ihr alles Wichtige berichtet habt.

6. Ergänze die fehlenden Angaben.

- Wo seid ihr hingefahren?
- Wie seid ihr dahin gekommen?
- Was hast du am Samstag gemacht?
- Wer war dabei?

Schreibanlass: Wochenendbericht

Dosendiktat

 Schreibe jeden Satz auf einen Streifen.

 Nummeriere alle Streifen.

 Lies den ersten Streifen und präge dir die Wörter ein.

 Stecke den Streifen in die Dose.

 Schreibe den Satz auswendig auf.

 Wenn du alle Sätze geschrieben hast, hole alle Streifen aus der Dose und prüfe.

 Schreibe den Text als Dosendiktat in dein Heft.

1. Das Jahr
2. Wir teilen das Jahr in zwölf Monate ein.
3. Am ersten Januar beginnt das neue Jahr.
4. Der Frühling fängt im März an.
5. Ostern feiern wir im April.
6. Der Sommer kommt im Juni.
7. September, Oktober, November und Dezember gehören zum Herbst.
8. Weihnachten ist im Dezember.

Winter – Was machen die Tiere?

Fragesatz

Wenn wir etwas wissen wollen, stellen wir Fragen.
Am Ende steht ein Fragezeichen.

1. Betrachtet das Bild. Erzählt.
2. Auf den Kärtchen findet ihr vier Fragen. Woran könnt ihr die Fragen erkennen?

Wo hält das Eichhörnchen seine Winterruhe?

Die Rehe finden wenig Nahrung.

Das Eichhörnchen schläft in einem Kobel.

Warum füttern die Jäger die Rehe im Winter?

Wer schläft im Winter in einem Laubhaufen?

Was macht eine Amsel, wenn sie friert?

Der Igel hält seinen Winterschlaf im Laubhaufen.

Die Amsel plustert sich auf.

3. Schreibe die Fragen mit der passenden Antwort so auf:
   (Wo) hält das Eichhörnchen seine Winterruhe (?)

Tiere im Winter

Im Winter finden frei lebende Tiere wenig Nahrung. Sie verbringen diese schwierige Zeit auf verschiedene Weise.

Igel

Der Igel hält einen Winterschlaf, den er unter Laub, Steinhaufen oder Holzstapeln verbringt. Er schläft bis zu vier Monate ohne aufzuwachen. Im Herbst frisst sich der Igel eine dicke Fettschicht an, die den Körper mit Energie versorgt und ihn vor Kälte schützt.

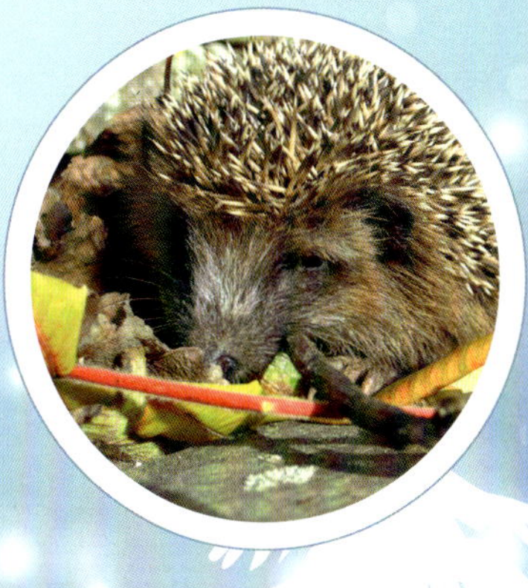

Eichhörnchen

Das Eichhörnchen hält eine Winterruhe. Es schläft oft mehrere Tage lang in seinem Kobel hoch oben auf einem Baum. Dann verlässt es sein Nest und sucht Samen, Beeren und Nüsse, die es im Herbst versteckt hat.

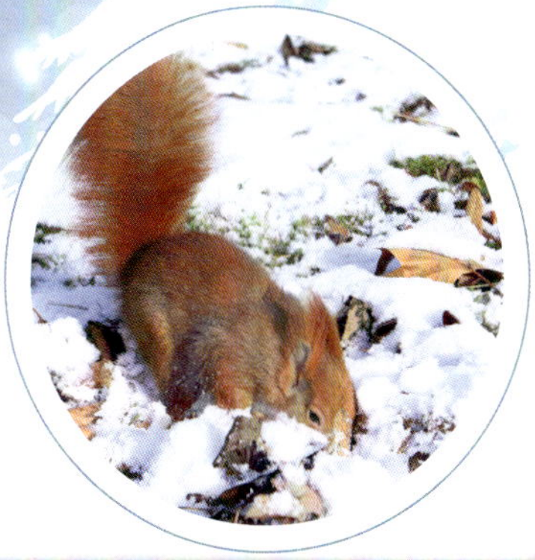

1. Ich: Lies die Texte. Wie verbringen die Tiere den Winter?
   Du: Wähle mit deinem Partner ein Tier aus und schreibt Fragen zum Text.
   Mit den Wörtern auf den Karten könnt ihr gezielt fragen.
   Wir: Führt mit euren Fragen ein Quiz in der Klasse durch.

   wer · wie · wo · wann · warum · was

2. Wie verbringen andere frei lebende Tiere den Winter?
   Informiere dich in Sachbüchern oder im Internet.
   Schreibe zu einem Tier einen Text und male ein Bild dazu.

3. Stellt eure Texte vor und hängt sie in der Klasse auf.

b – p, d – t, g – k

So entscheiden Hanna und Malte, auf welchen Buchstaben einsilbige Wörter enden:

1. Warum bildet Hanna die zweisilbige Form?
   Sprich und schreibe bei den Wörtern der folgenden Aufgaben immer zuerst die zweisilbige Form.

2. Schreibe die Nomen zuerst in der Mehrzahl, dann in der Einzahl:
   die Buben – der Bub   Bu?   We?   Hun?   Kin?   Freun?
   Win?   Ta?   Klei?   Bil?   Pfer?

3. Bilde zu den Verben in der er-Form zuerst die Grundform:
   geben – er gibt   blei?t   le?t   fra?t   zei?t
   gi?t   schrei?t   sa?t   ü?t

4. Schreibe die Adjektive in der richtigen Form.
   Suche ein passendes Nomen und schreibe einen Satz dazu:
   der runde Ball – Der Ball ist rund.   run?   gel?   gesun?   blin?

Auslautverhärtung

Wintergedicht

Weiße Flocken fallen.

Im Kamin knistert das Holz.

Nachts wird es eisig kalt.

Tee wärmt uns auf.

Eiszapfen hängen vom Dach.

Rasende Fahrt auf dem Schlitten.

1. Lest die Anfangsbuchstaben der Zeilen senkrecht. Wie lautet das Thema?

Akrostichon

Ein Akrostichon ist ein Gedicht. Die Buchstaben am Zeilenanfang werden senkrecht gelesen und ergeben das Thema.

2. Gestalte ein Schmuckblatt: Wähle ein Thema aus. Schreibe ein Akrostichon und male dazu.

So kannst du ein Akrostichon schreiben:
- Schreibe ein Wort in Großbuchstaben senkrecht untereinander.
- Schreibe zu jedem Buchstaben ein Wort oder einen Satz.

3. Stellt die Gedichte vor und hängt sie in der Klasse auf.

Eine Schlittengeschichte

1. Betrachtet die Bilder. Erzählt.

2. Ich: Was könnte auf dem ersten Bild zu sehen sein?
   Male dazu auf ein Blatt.
   Du: Erzähle deinem Partner, was du gemalt hast.
   Wir: Vergleicht eure Bilder. Passen sie zu der Geschichte?

   Passen das Wetter und die Tageszeit?

   Stimmt die Kleidung der Kinder überein?

   Wo befinden sich die Kinder?

   Passt das Bild zum Geschehen der Geschichte?

3. Überarbeite dein Bild.

Der Anfang einer Geschichte gibt Auskunft auf folgende Fragen:

- Wann spielt die Geschichte?
- Wer kommt in der Geschichte vor?
- Wo spielt die Geschichte?
- Was geschieht?

4. In welchem Text sind alle Fragen berücksichtigt? Begründet.

A) Anna rast mit dem Schlitten den Berg hinunter.

B) Es ist ein schöner Wintertag. Max will hinter dem Haus Schlitten fahren.

C) Es hat geschneit. Xaver will einen Schneemann bauen.

5. Schreibe den Anfang der Schlittengeschichte. Nimm dein Bild zu Hilfe.

6. Bist du auf alle Fragen eingegangen? Überprüfe mit deinem Partner.

7. Schreibe die Geschichte weiter. Vergiss die Überschrift nicht.

8. Lest eure Geschichten vor und überprüft gemeinsam, ob ihr alles Wichtige geschrieben habt.

Du hast deine Geschichte anschaulich erzählt.

Die Überschrift fehlt noch.

Wer baut den Schneemann wieder auf?

9. Ergänze die fehlenden Angaben in deiner Geschichte.

Was habe ich gelernt? – 6

b – p, d – t, g – k? (Seite 80, Lösungsbeilage Seite 4)

1. Schreibe die Wörter auf und ergänze die fehlenden Buchstaben.

2. Schreibe die Sätze ab und ergänze die fehlenden Buchstaben.

Satzzeichen (Seite 78, 79, Lösungsbeilage Seite 5)

3. Schreibe das Gespräch in der richtigen Reihenfolge auf.
   Ergänze einen Punkt oder ein Fragezeichen.

Fragesätze (Seite 78, 79, Lösungsbeilage Seite 5)

4. Lies den Text und schreibe Fragen dazu auf.
   Frage gezielt mit den Wörtern auf den Karten: wer, wie, wo, warum, wann, was

Teichfrösche suchen sich im Herbst einen feuchten und geschützten Platz in der Nähe eines Gewässers. Sie verstecken sich unter Steinen oder Wurzeln und fallen dort in eine Winterstarre. Ihr Herz schlägt sehr langsam und man kann die Atmung fast nicht mehr spüren. So können sie kalte Winter gut überstehen.

Geschichten schreiben (Seite 82, 83, Lösungsbeilage Seite 5)

5. Betrachtet die Bilder genau.
   Was könnte auf dem ersten Bild zu sehen sein? Überlege:
   - Wann spielt die Geschichte?
   - Wo spielt die Geschichte?
   - Wer kommt in der Geschichte vor?
   - Was geschieht?

Die Überschrift darf ich nicht vergessen.

6. Schreibe die Geschichte mit einer Überschrift auf.

 Lerntagebuch

Schreibe in dein Lerntagebuch, was du gelernt hast.
Wie gut kannst du die Aufgaben? Male 😊 😐 ☹.
Was möchtest du noch üben?

Was habe ich gelernt?

- Ich schreibe einsilbige Wörter mit b–p, d–t, g–k am Wortende richtig.
- Ich kann Fragen bilden und richtig aufschreiben.
- Ich gebe am Anfang einer Geschichte Auskunft auf die Fragen Wann ...?, Wo ...?, Wer ...?, Was ...?

Das möchte ich noch üben:

Kennst du die Märchen?

a
Knusper, knusper, knäuschen,
wer knuspert an meinem Häuschen?

b
Königstochter, jüngste, mach mir auf!

c
Kikeriki, unsere Goldmarie ist wieder hie!

d
Spieglein, Spieglein an der Wand, wer ist die Schönste im ganzen Land?

e
Die Guten ins Töpfchen, die Schlechten ins Kröpfchen.

1. Seht euch die Bilder an.
Wie heißen die Märchen? Könnt ihr die Märchen erzählen?

DerWolfunddiesiebenGeißleinDerFroschkönigHänselundGretelFrauHolle
SchneewittchenRotkäppchenSterntalerDergestiefelteKaterAschenputtel

2. In den Steinen findet ihr Märchensprüche. Ordnet sie den Märchen zu.

3. Schreibe zu vier Märchen den dazugehörenden Märchenspruch auf:
Sterntaler: Ach, gib mir etwas zu essen, ich bin so hungrig.

86 Märchentitel und -sprüche

f Großmutter, warum hast du so große Augen?

g „Macht auf, ihr lieben Kinder, eure Mutter ist da und hat jedem etwas mitgebracht!"

h Ach, gib mir etwas zu essen, ich bin so hungrig.

i Mein Herr, der große Graf, schickt mich.

4. Märchenfiguren haben oft gegensätzliche Eigenschaften.
   Schreibe die gegensätzlichen Adjektive so auf:
   gut – böse, arm – ...

   gut | arm | ungerecht | fleißig | schön | schwach
   hinterlistig | dick | dünn | reich | faul | hässlich
   stark | böse | | ehrlich | gerecht

5. Welche Märchenfiguren haben solche Eigenschaften?

Märchenspiele an Stationen

Für die drei Märchenspiele müssen die Spielkarten vorbereitet werden. Jede Märchenfigur soll in einem Spiel nur einmal vorkommen.

Welche Märchenfigur ist es?

1. Wählt Märchenfiguren aus und beschreibt sie jeweils auf einer Karte:
   - Wo lebt sie?
   - Wie sieht sie aus?
   - Welche Eigenschaft hat sie?

Märchen-Quartett

2. Wählt jeweils vier Figuren aus einem Märchen aus und schreibt auf die Karten:
   - den Namen des Märchens
   - die Märchenfigur
   - Was macht die Figur?

Märchen-Pantomime

3. Wählt Märchenfiguren aus. Welche Handlung kann pantomimisch dargestellt werden? Schreibt auf.

Die Hexe
Sie wohnt in einem Haus im Wald.
Sie hat einen Buckel.
Sie ist böse.

Der Froschkönig
Er lebt in einem Brunnen.
Er hat eine Krone auf dem Kopf.
Er ist verzaubert.

Hänsel und Gretel
Die Hexe
Sie will Hänsel aufessen.

Hänsel und Gretel
Hänsel
Er wird von der Hexe eingesperrt und gemästet.

Hänsel und Gretel
Gretel
Sie schubst die Hexe in den Backofen.

Hänsel und Gretel
Die Stiefmutter
Sie will Hänsel und Gretel loswerden.

Goldmarie
Sie schüttelt die Äpfel vom Apfelbaum.

Pechmarie
Ihr läuft das Pech über Haare und Kleider.

4. Sammelt die Karten bei den einzelnen Stationen.
Spielt in Gruppen an den einzelnen Stationen.

Welche Märchenfigur ist es?

Ein Kind liest die Karten vor. Das Kind, das als Erstes die Märchenfigur errät, bekommt die Karte.
Wer die meisten Karten hat, hat gewonnen.

Märchen-Quartett

Ein Kind verteilt alle Karten. Sein linker Nachbar fragt ein beliebiges Kind nach einer Karte. Hat es diese Karte, muss es sie abgeben, das andere Kind darf weiterfragen. Besitzt das gefragte Kind die Karte nicht, darf es fragen. Wer die meisten Quartette hat, hat gewonnen.

Märchen-Pantomime

Ein Kind liest stumm eine Karte und stellt die Märchenfigur pantomimisch dar. Wer sie errät, darf die nächste Figur darstellen.

Wer ist es? Sie wohnt in einem Haus im Wald …

Hanna, hast du Hänsel?

Das ist Goldmarie!

Märchenspiele

Frau Holle – So handelt Pechmarie

So hat ein Mönch im Mittelalter geschrieben:

> die faule tochter springt in den tiefen brunnen sie landet auf einer schönen wiese sie geht am qualmenden backofen vorbei sie hört nicht auf den apfelbaum sie will das weiße kissen nicht schütteln

1. Lies den Text. Was fällt dir auf?

2. Tausche dich mit deinem Partner aus.

3. Finde die Nomen im Text und schreibe sie in der Einzahl und in der Mehrzahl mit Artikel auf:
   die Tochter – die Töchter

4. Schreibe den ganzen Text so auf, wie er heute richtig ist.
   Setze Punkte an die Stellen, an denen du beim Lesen eine Pause machst.
   Schreibe die Satzanfänge und die Nomen groß:
   Die faule Tochter …

5. Vergleicht eure Texte.

6. Welchen Lohn erhält Pechmarie?

7. Spielt die Schlussszene nach.

Bei den sieben Zwergen

1. Lest die Fragen der Zwerge. Was fällt euch auf?

   - Wer hat von meinem Tellerchen gegessen?
   - Wer hat mit meinem Messerchen geschnitten?
   - Wer hat auf meinem Stühlchen gesessen?
   - Wer hat von meinem Brötchen genommen?
   - Wer hat mit meinem Gäbelchen gestochen?
   - Wer hat aus meinem Becherchen getrunken?
   - Wer hat auf meinem Bettchen gelegen?

   Wortbaustein -chen
   An Nomen können wir den Wortbaustein -chen anhängen.

2. Schreibe auf, wie die Dinge bei den Zwergen heißen. Das Wörterbuch hilft dir.

   der Stuhl – das Stühlchen

3. Finde sieben weitere Nomen und schreibe sie wie in Aufgabe 2 mit dem Wortbaustein -chen auf.

4. Welche Nomen hat dein Partner gefunden?

Was Schneewittchen lernen muss

Schneewittchen schaut ins Häuschen rein,
da sind die Dinge alle klein.

Wortbaustein -chen
Hängt man den Wortbaustein -chen an Nomen an, wird aus a → ä, au → äu, o → ö, u → ü.

1. Welche Dinge kann Schneewittchen im Häuschen der Zwerge sehen? Schreibe die Nomen auf.

2. Lies deinem Partner die Nomen vor. Dein Partner nennt das entsprechende Nomen mit dem Wortbaustein -chen.

3. Bilde neue Nomen mit dem Wortbaustein -chen:
   das Glas – das Gläschen

Glas	Strauß	Brot	Tür	Dose
Gabel	Maus	Wald	Baum	Uhr
Socke	Stuhl	Sack	Jacke	Haus
Hose	Blume	Vase	Hut	Schrank

4. Was fällt euch bei der Bildung von Blümchen, Jäckchen … auf?

Mir fällt auf, dass …

Hinter den sieben Bergen

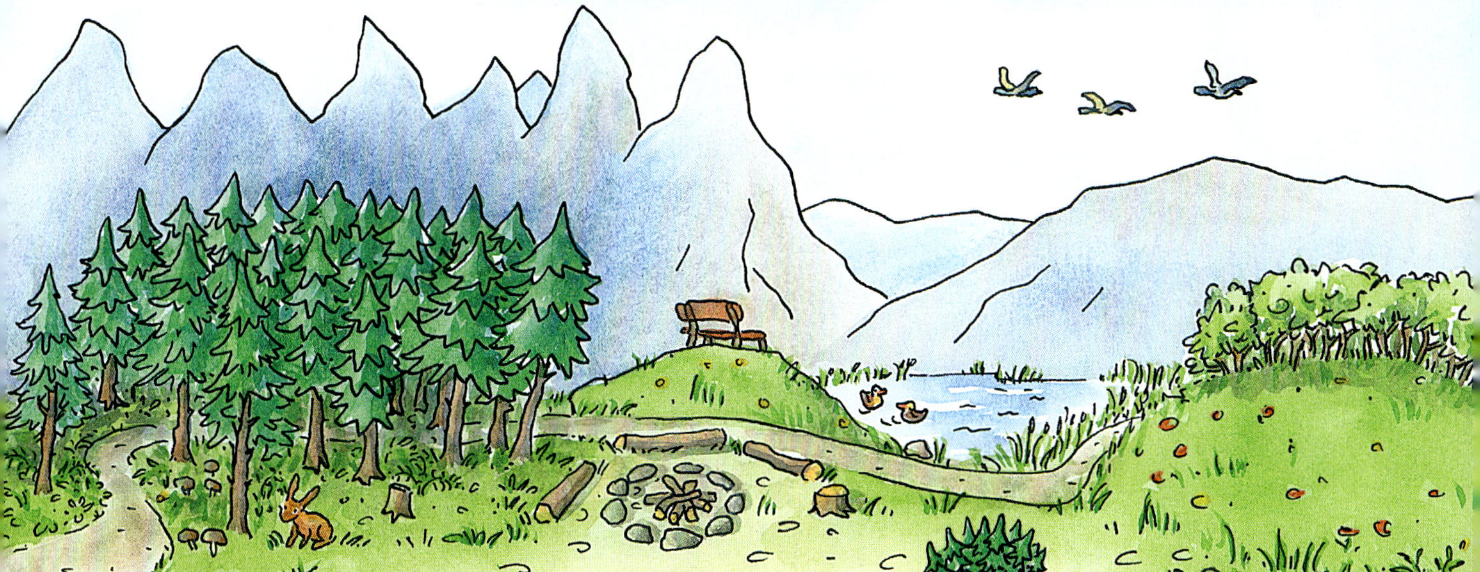

Schneewittchen geht durch ein kleines .

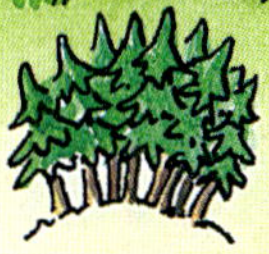

Unterwegs sieht es winzige und .

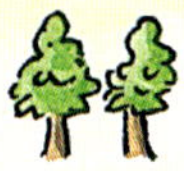

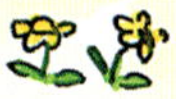

Dann kommt es an ein niedriges .

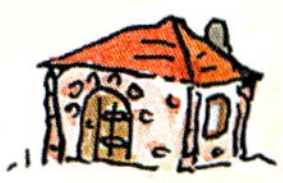

Es öffnet das schmale .

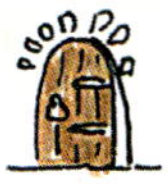

Darin steht ein kleines mit sieben .

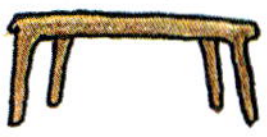

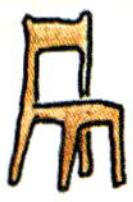

Müde legt es sich in ein kurzes und schläft ein.

1. Lest den Text und ersetzt die Bilder durch die passenden Nomen mit dem Wortbaustein -chen.
2. Schreibe die Sätze auf:
   Schneewittchen geht durch ein kleines Wäldchen.

Lang oder kurz?

3. Klatscht und sprecht die Nomen.
4. Trage die Nomen in Häuschen A oder Häuschen C ein.

s/ss: Me?er
f/ff: Lö?el
s/ss: Ho?e
s/ss: Ta?e
k/ck: Ja?e
f/ff: O?en

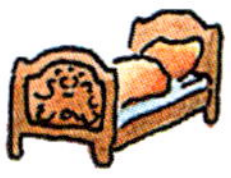

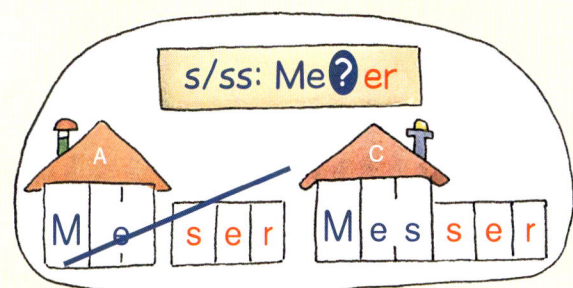

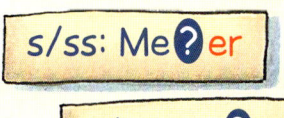

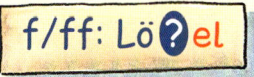

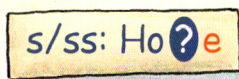

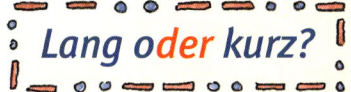

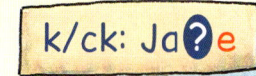

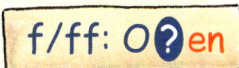

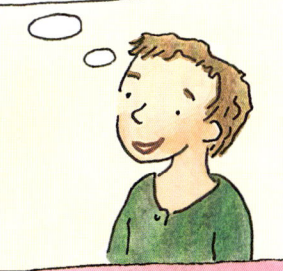

Wörter mit Ei/ei und Eu/eu

Hänsel und Gretel

Im dunklen Wald haben Hänsel und Gretel eine Hexe getroffen.
Gleich darauf hat sie Hänsel in einen kleinen Stall eingesperrt.
Heute will ihn die böse Hexe verspeisen.
Sie zündet ein Feuer an und möchte ihn im heißen Ofen braten.
Doch Gretel stößt sie schnell hinein.
Die Hexe heult, doch Gretel schiebt den Riegel vor die Ofentür.
Gretel befreit ihren Bruder und beide gehen in das Haus der Hexe hinein.
In einer Ecke entdecken sie einen Kasten mit Perlen und Edelsteinen.
Hänsel und Gretel freuen sich über den Reichtum und stopfen sich die Taschen voll.
Eilig gehen sie nach Hause.

1. Ich: Lies den Text.
   Du: Erzähle deinem Partner, was du gelesen hast.
   Wir: Wer kennt den Anfang des Märchens? Erzählt.

2. Finde im Text alle Wörter mit ei und eu. Schreibe sie auf:
   ei: ein, ...
   eu: heute, ...

3. Vergleiche die Ergebnisse mit deinem Partner.

4. Wie heißen die Wörter? Setze Ei/ei oder Eu/eu ein.

5. Suche im Wörterbuch weitere Wörter mit Ei/ei und Eu/eu und schreibe sie auf.
   Wer hat die meisten Wörter gefunden?

Eu/eu oder Äu/äu

1. **Ich:** Lies die Wörter und überlege, ob du eu oder äu einsetzen musst. Schreibe die Wörter auf.
   Du: Vergleiche die Schreibweise der Wörter mit deinem Partner. Begründe.
   Wir: Findet in der Gruppe vier weitere Wörter mit eu und vier weitere Wörter mit äu. Ihr könnt dazu das Wörterbuch benutzen.

2. Stellt eure Wörter in der Klasse vor. Die Klassenkameraden schreiben das Wort richtig an die Tafel und begründen die Schreibweise.

3. Schreibe die Sätze ab und setze eu oder äu ein. Vergleiche mit deinem Partner.

M☆se sind sehr sch☆e Tiere.

Die R☆ber verstecken die B☆te in einer großen Sch☆ne.

Die F☆erwehr löschte die brennenden H☆ser.

Was habe ich gelernt? – 7

Nomen (Seite 90 – 93, Lösungsbeilage Seite 5)

1. Schreibe jedes Nomen mit dem Wortbaustein -chen auf.

2. Schreibe nur die Nomen auf. Wende die Nomen-Probe an (siehe Seite 13).

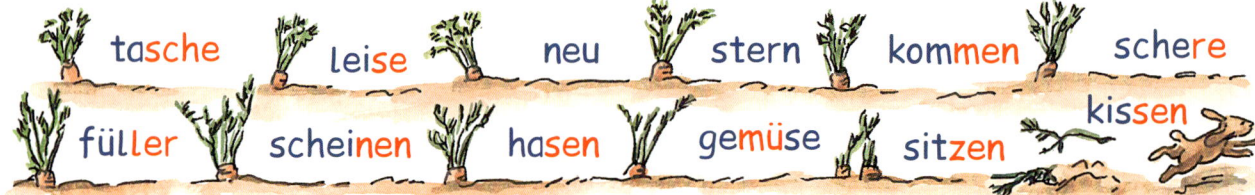

Adjektive (Seite 87, Lösungsbeilage Seite 5, 6)

3. Schreibe jeweils die gegensätzlichen Adjektive auf.

4. Schreibe nur die Adjektive auf. Wende die Adjektiv-Probe an (siehe Seite 50).

5. Schreibe Satztreppen auf.

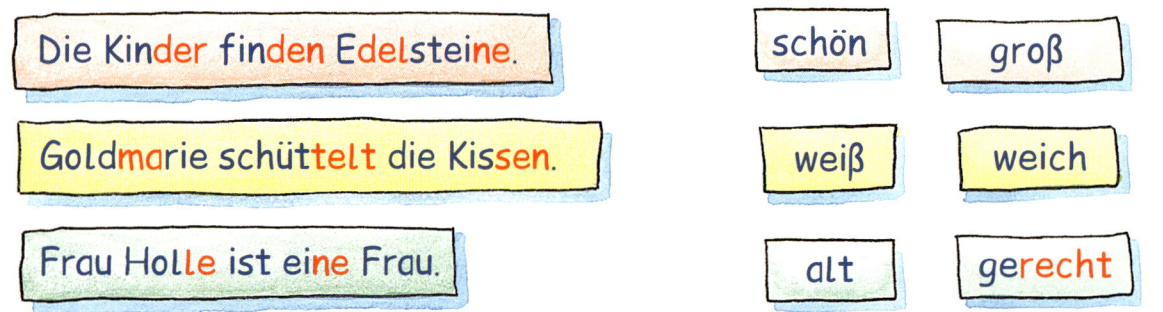

Eu/eu oder Äu/äu (Seite 94, 95, Lösungsbeilage Seite 6)

6. Schreibe die Sätze ab und setze Eu/eu oder Äu/äu ein.

> Die Verk?ferin gibt der Kundin n?n ?ro zurück.
> Die Kinder r?men die n?en Spielsachen weg.
> Viele L?te sehen das F?er.
> Die F?erwehrmänner rollen die Schl?che aus.

Großschreibung (Seite 90, Lösungsbeilage Seite 6)

7. Schreibe den Text ab. Setze Punkte und schreibe die Satzanfänge und Nomen groß.

sterntaler ist ein armes, kleines mädchen es hat keine eltern mehr es besitzt nur noch seine kleider und ein kleines stückchen brot allein geht es in die weite welt hinaus es verschenkt alle seine kleider und das brot auf einmal fallen die sterne als geldstücke vom himmel und es hat ein weißes hemdchen an

 Lerntagebuch

Schreibe in dein Lerntagebuch, was du gelernt hast.
Wie gut kannst du die Aufgaben? Male .
Was möchtest du noch üben?

Was habe ich gelernt?

- Ich kann neue Nomen mit dem Wortbaustein -chen bilden.
- Ich finde gegensätzliche Adjektive.
- Ich weiß, ob ich Wörter mit Eu/eu oder Äu/äu schreiben muss.
- Ich kann in Texten Punkte setzen und Satzanfänge und Nomen großschreiben.

Das möchte ich noch üben:

Immer wieder kommt ein neuer Frühling ...

1. **Ich:** Woran erkennst du, dass der Frühling wieder da ist? Sammle Frühlingswörter.

   Du: Welche Wörter hat dein Partner gefunden? Tauscht euch aus.

   Wir: Gestaltet in der Gruppe ein Plakat mit euren Frühlingswörtern.

2. Stellt euch gegenseitig die Plakate vor.

Das machen Hanna und Malte im Frühling:

| sie | pflücken
hören
stecken
färben
suchen | den Kuckuck
Bohnen
Gänseblümchen
das Osternest
Eier |

3. Bilde Sätze und schreibe sie auf:
   Sie pflücken Gänseblümchen.

4. Was machst du gerne im Frühling? Schreibe in der ich-Form.

Einfache Sätze bilden

Elfchen

Diese Frühlingsgedichte haben die Kinder der Klasse 2c geschrieben.

herrlich
der Frühling
überall ist er
ich will draußen spielen
endlich!

bunt
die Frühlingswiese
grün und gelb
ich pflücke einen Blumenstrauß
schön!

warm
der Frühling
die Sonne scheint
ich fahre gern Rad
toll!

Elfchen
Elfchen sind eine Gedichtform aus Japan. Sie bestehen aus elf Wörtern in fünf Zeilen.

1. Lest die Gedichte laut. Was fällt euch auf?
2. Aus wie vielen Wörtern bestehen die Gedichte?

So kannst du ein Elfchen schreiben:

1. Zeile – 1 Wort: Adjektiv

2. Zeile – 2 Wörter: Nomen mit Artikel

3. Zeile – 3 Wörter: Wie ist es? Wo ist es? Was geschieht?

4. Zeile – 4 Wörter: Satz, der mit „ich" anfängt

5. Zeile – 1 Wort: Schluss

3. Schreibe selbst ein Frühlingselfchen auf ein Schmuckblatt. Male dazu.
4. Stellt euch die Elfchen vor und hängt sie in der Klasse auf.

Schreibanlass: Elfchen

Rätsel mit Bildern

Malte zeigt immer zwei Bilder.
Hanna bildet daraus zusammengesetzte Nomen.

1. Welche Bildkarten kann er kombinieren? Überlege.
2. Nenne deinem Partner die zusammengesetzten Nomen.

Wie heißt der Vogel?

Zaunkönig!

Löwen Schnee Hand Gänse Fenster Kreuz Regen
Bank Tasche Bogen Glöckchen Spinne Zahn Blümchen

3. Schreibe so:
   der Zaun, der König: der Zaunkönig

4. Erfindet selbst ein Bilderrätsel mit zusammengesetzten Nomen.
   Malt Bilder dazu.
5. Stellt der Klasse die Bilderrätsel vor.
6. Schreibe die Lösungen eurer Bilderrätsel
   wie bei Aufgabe 3 in dein Heft.

Zusammengesetzte Nomen

Wir basteln bunte Eier

Die Klasse 2c will bunte Eier für einen Osterstrauß basteln.
Zuerst schauen die Kinder in einem Bastelbuch nach.

1. Besprecht, was ihr benötigt.

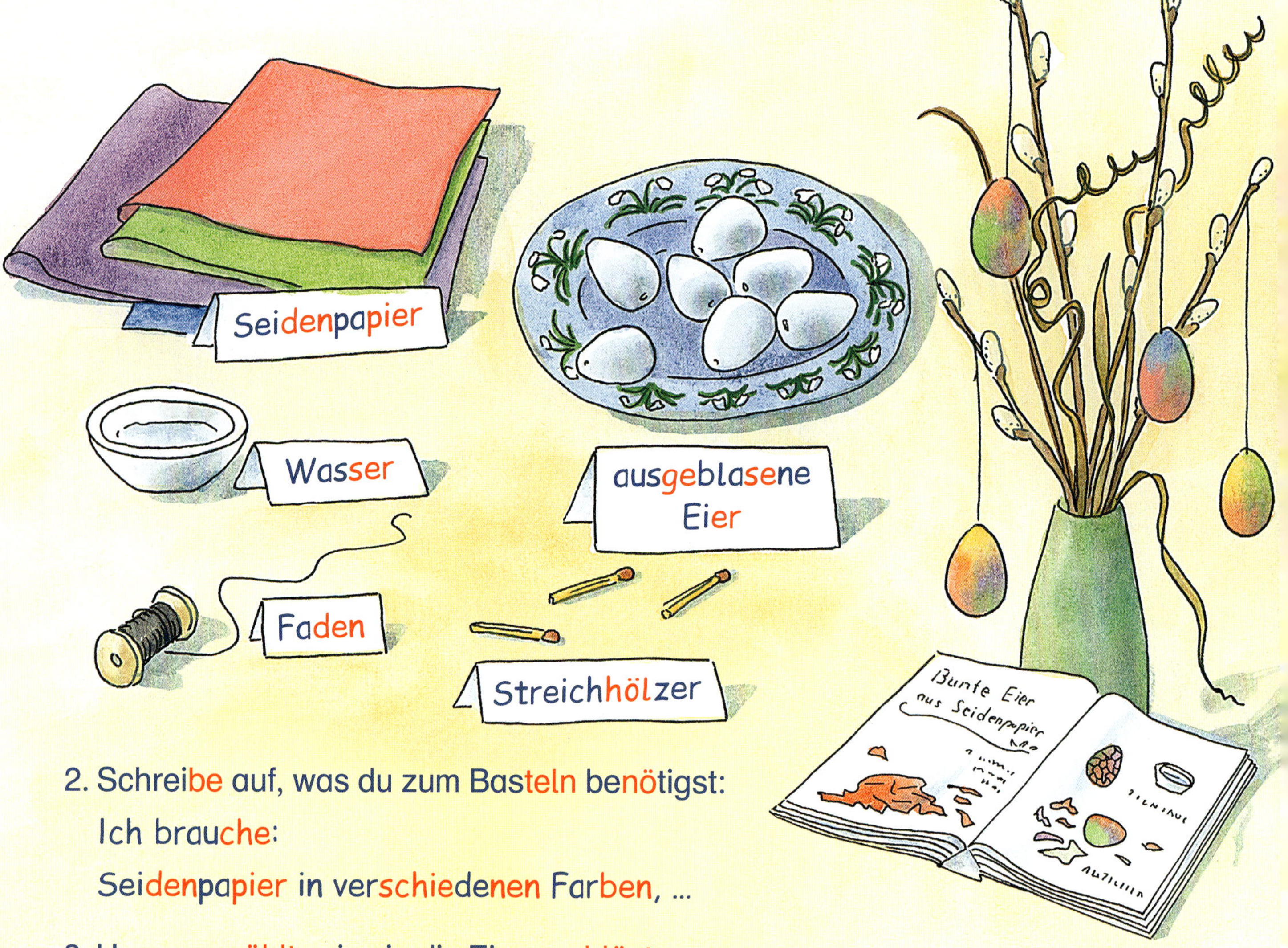
Seidenpapier
Wasser
ausgeblasene Eier
Faden
Streichhölzer
Bunte Eier aus Seidenpapier

2. Schreibe auf, was du zum Basteln benötigst:
   Ich brauche:
   Seidenpapier in verschiedenen Farben, ...

3. Hanna erzählt, wie sie die Eier ausbläst.
   Schreibe den Text ab und setze die passenden Verben in der ich-Form ein.

Zuerst ★ ich mit einem Eierpiekser zwei Löcher in das rohe Ei.

Dann ★ ich vorsichtig das Loch an der spitzen Seite mit einem Kreuzschraubendreher.

Nun ★ ich mit einer langen Nadel den Dotter im Ei auf.

Jetzt ★ ich kräftig durch das Loch an der spitzen Seite, sodass der Inhalt in eine Schüssel fließt. Fertig!

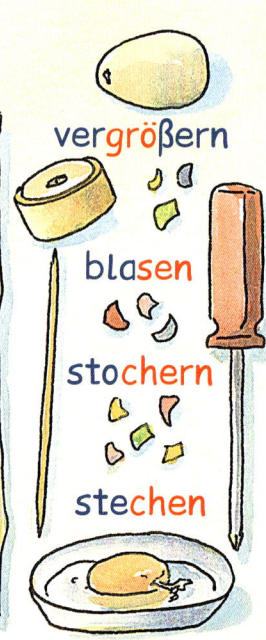

vergrößern
blasen
stochern
stechen

In der Osterwerkstatt

1. Was machen die Kinder? Erzählt.

A

Seidenpapier in kleine Stücke reißen

Stückchen in das Wasser eintauchen

Seidenpapierstücke an das ausgeblasene Ei kleben

Einen Tag später ...

B

trockene Seidenpapierstückchen von dem Ei ablösen

Faden um das Streichholz binden

Streichholz mit dem Faden in das bunte Ei stecken

2. Schreibe in der ich-Form auf, was die Kinder machen:

Ich reiße das Seidenpapier in kleine Stücke.

Ich ...

3. Bastelt selbst bunte Eier.

Hanna notiert

Hanna hat aufgeschrieben, wie sie bunte Eier für den Osterstrauß bastelt.

1. Lest Hannas Bastelanleitung laut. Was fällt euch auf?

> Ich reiße zuerst das Seidenpapier in kleine Stücke.
> Ich tauche dann die Stückchen in das Wasser.
> Ich klebe jetzt die Seidenpapierstückchen an das ausgeblasene Ei.
> Ich löse später die Papierstückchen von dem Ei ab.
> Ich binde darauf einen Faden um ein Streichholz.
> Ich stecke zuletzt das Streichholz in das bunte Ei.

2. Stelle die Wörter so um, dass jeder Satz mit einem anderen Wort beginnt:

   <u>Zuerst</u> reiße ich das Seidenpapier in kleine Stücke.
   <u>Dann</u> tauche ich ...

3. Beim Mittagessen unterhalten sich Hanna und ihre Mutter. Lest das Gespräch mit verteilten Rollen.

- Habt ihr in der Schule bunte Eier gebastelt
- Was habt ihr mit den fertigen Eiern gemacht
- Der Osterstrauß sieht sicher schön aus
- Ja, wir haben sie mit buntem Seidenpapier beklebt
- Wir haben sie an Zweige gehängt

4. Schreibe das Gespräch ab und ergänze einen Punkt oder ein Fragezeichen:
   Mutter: Habt ihr ...
   Hanna: Ja, wir ...

Satzanfänge; Satzschlusszeichen: Punkt und Fragezeichen

Wir schreiben eine Bastelanleitung

1. Schau dir die Bilder genau an. Was wird gebastelt?

2. Schreibe auf, was du zum Basteln benötigst.

3. Beschreibe die einzelnen Schritte
   bis zu den fertigen Osterhasensteckern.
   Verwende abwechslungsreiche Satzanfänge,
   damit der Text nicht langweilig wird.

   Dann ...   Später ...   Zuerst ...
   Zuletzt ...   Danach ...   Jetzt ...

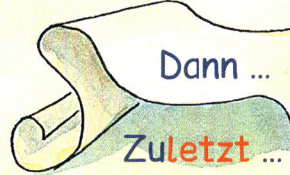 4. Lest eure Bastelanleitungen der Klasse vor
   und überprüft gemeinsam,
   ob ihr alles Wichtige geschrieben habt.

5. Ergänze die fehlenden Angaben in deinem Text.

Deine Sätze beginnen abwechslungsreich.

Deine Überschrift ist treffend.

Wann bindest du die Schleife um den Schaschlikspieß?

Dein Schlusssatz rundet die Bastelanleitung ab.

Vorgangsbeschreibung

Hanna und Malte stecken Bohnen

Hanna hat Bohnen gesteckt.
Sie leitet Malte an, wie er vorgehen soll.

1. In welcher Reihenfolge soll Malte vorgehen?

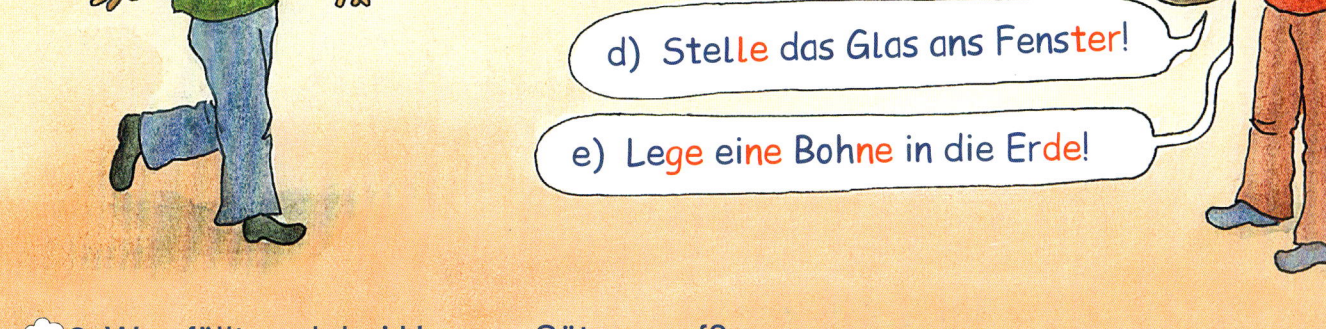

- Prima!
- a) Gieße deine Bohne!
- b) Stecke ein Stöckchen daneben!
- c) Fülle Erde in ein Glas!
- d) Stelle das Glas ans Fenster!
- e) Lege eine Bohne in die Erde!

2. Was fällt euch bei Hannas Sätzen auf?

Ausrufezeichen
Nach Ausrufen und Aufforderungen steht ein Ausrufezeichen „!".

Das Verb steht …

Am Satzende steht …

3. Schreibe die Sätze in der richtigen Reihenfolge auf.

 Fülle Erde in ein Glas !

① ② ③ ④ ⑤

4. Steckt auch Bohnen und legt ein Bohnentagebuch an.

Mein Bohnen-Tagebuch

14. April: Ich stecke Bohnen in die Erde.

19. April: Die Wurzel wächst.

Ausrufezeichen

i oder *ie* in der ersten Silbe

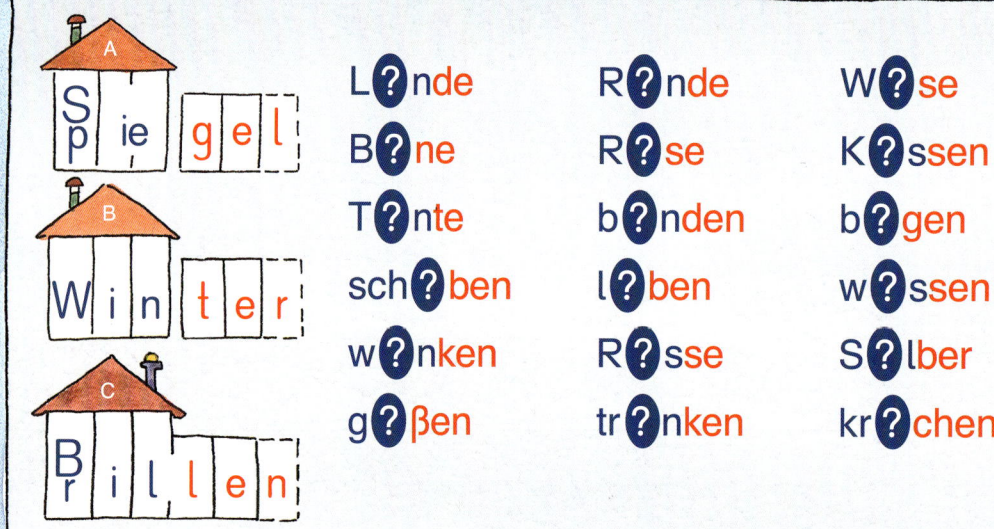

L?nde   R?nde   W?se
B?ne   R?se   K?ssen
T?nte   b?nden b?gen
sch?ben l?ben   w?ssen
w?nken R?sse   S?lber
g?ßen   tr?nken kr?chen

ie steht nur im A-Häuschen, weil …

1. Ich: Wie entscheidet Hanna, ob sie in der ersten Silbe
   i oder ie schreiben muss?
   Du: Was hat dein Partner herausgefunden?
   Wir: Besprecht eure Ergebnisse in der Klasse.

2. Schreibe die Wörter von der Tafel in eine Tabelle:

Wörter mit ie	Wörter mit i
Spiegel	Winter

Ein Nachmittag in der Natur

Hanna und Aysun l🐌gen auf einer W🐌se und gen🐌ßen den Frühling.
Unter einer L🐌nde beobachten sie v🐌le kleine T🐌re. Käfer krabbeln
über die R🐌nde, Vögel zw🐌tschern ihre L🐌der in den W🐌pfeln der
Bäume, B🐌nen fl🐌gen durch die Luft.
Über den Boden kr🐌chen Schnecken. Zwischen D🐌steln bauen
Sp🐌nnen Netze aus s🐌lbernen Fäden. Was für ein schöner Tag. 🐌

---

3. Schreibe den Text ab und ersetze die 🐌 durch i oder ie:
   Ein Nachmittag in der Natur

i oder ie? – Wir leiten ab

So entscheidet Malte, ob er in einsilbigen Wörtern i oder ie schreiben muss.

1. Warum bildet Malte zuerst die zweisilbige Form im Häuschen?

2. Schreibe die folgenden Wörter ab und entscheide, ob du i oder ie einsetzen musst. Schreibe immer zuerst die zweisilbige Form:
die Stiere – der Stier

Auf der Wiese – Schau genau!

Hanna und Malte erforschen die Pflanzen und Tiere auf der Wiese.

1. Welche Tiere und Pflanzen könnt ihr entdecken?
   Was wisst ihr über diese Tiere und Pflanzen?

Hummel, Klee, Distel, Spinne, Brennnessel, Schmetterling, Löwenzahn, Gras, Grashüpfer, Ameise, Biene, Gänseblümchen, Käfer, Regenwurm, Schnecke

2. Was beobachten Hanna und Malte? Bilde Sätze.
   Die Ameisen folgen der Ameisenstraße.

Bienen	kriechen	Nektar und Pollen
Schnecken	sammeln	über den Boden
Schmetterlinge	bauen	durch die Luft
Spinnen	flattern	ihre Netze
Hummeln	krabbeln	von Blüte zu Blüte
Käfer	fliegen	auf einem Stein
Grashüpfer	folgen	die Erde
Ameisen	auflockern	auf das Blatt
Regenwürmer	springen	der Ameisenstraße

3. Beschreibe die Pflanzen, die du auf der Wiese entdeckt hast.
   Dein Partner nennt den Namen der Pflanze.

Einfache Sätze bilden

Jäger in der Nacht – Wörter mit ch

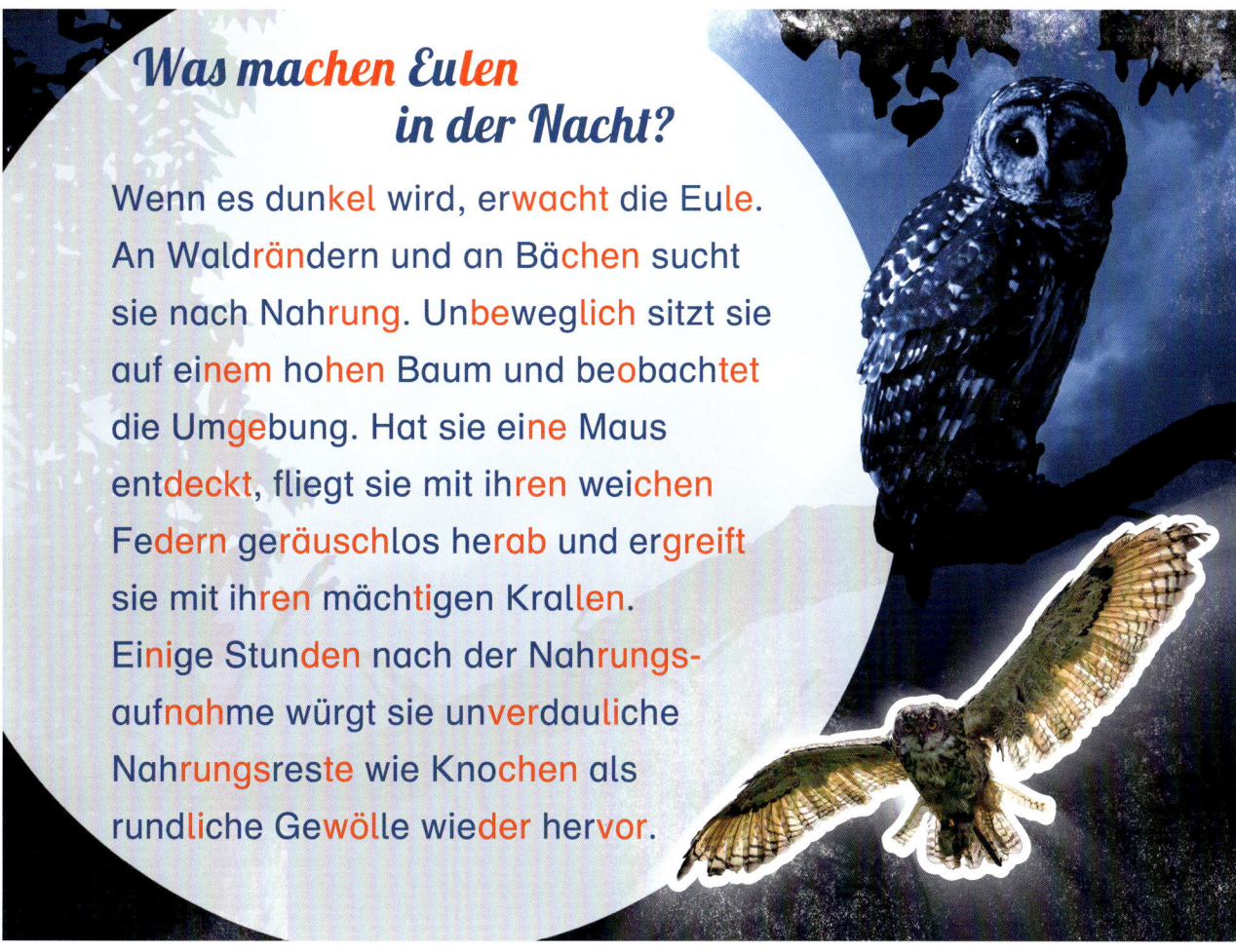

Was machen Eulen in der Nacht?

Wenn es dunkel wird, erwacht die Eule. An Waldrändern und an Bächen sucht sie nach Nahrung. Unbeweglich sitzt sie auf einem hohen Baum und beobachtet die Umgebung. Hat sie eine Maus entdeckt, fliegt sie mit ihren weichen Federn geräuschlos herab und ergreift sie mit ihren mächtigen Krallen. Einige Stunden nach der Nahrungsaufnahme würgt sie unverdauliche Nahrungsreste wie Knochen als rundliche Gewölle wieder hervor.

1. Lies den Text. Berichte deinem Partner, was du über Eulen erfahren hast.

2. Findet im Text alle Wörter mit ch und lest sie laut. Wie klingt ch?

3. Trage alle Wörter mit ch in eine Tabelle ein:

ch wie in Milch	ch wie in Nacht
Bäche	machen

4. Schreibe die Sätze ab und ergänze die passenden Wörter.

- Eulen sitzen ___ oben in den Bäumen.
- Für ihre Jungen ___ sie viel Nahrung.
- Nach etwa acht ___ verlassen die Jungen das Nest.
- Im Frühjahr kann man das Heulen der Eulen ___ wahrnehmen.

leicht, brauchen, hoch, Wochen

Wörter mit ch

In Wald und Feld – Wörter mit chs

In den Lücken fehlt immer chs.

1. Lest den Text. Was erfahrt ihr über die Tiere?

Endlich ist der Winter vorbei.

Die Pflanzen wa✷en wieder.

Nun beginnt bei den Tieren der Fellwe✷el:

Sie bekommen das Sommerfell.

Jetzt beendet der Da✷ seine Winterruhe und

verlässt hungrig seinen Bau.

Der scheue Lu✷ jagt kleine Tiere.

Der Fu✷ streift durch Feld und Wald.

Am Wegesrand sonnen sich kleine Eide✷en auf Steinen.

Im Bienenstock bauen fleißige Bienen se✷eckige Waben aus Wa✷.

Die La✷e kehren in die Flüsse zurück und laichen ab.

So erwacht die Natur im Frühling zu neuem Leben.

Wörter mit chs

In manchen Wörtern hören wir x, schreiben aber chs.

2. Schreibe die Nomen, das Verb und das Adjektiv mit chs so auf:
   Nomen: der Fellwechsel, …
   Adjektiv: …
   Verb: …

3. Suche im Wörterbuch weitere Wörter mit chs und schreibe sie auf.

4. Stellt die Wörter in der Klasse vor.
   Wer hat die meisten Wörter mit chs gefunden?

Aufnahme-Diktat

Setze dich vor ein Aufnahmegerät (Computer, Handy …) und nimm den Text auf.
Lies dabei immer bis zum Schrägstrich.

Sage bei jedem Strich laut „Stopp".
Zähle leise bis drei.
Lies dann weiter.

Wenn du den ganzen Text gesprochen hast, gehe an den Anfang der Aufnahme.

Spiele nun die Aufnahme ab.
Wenn du „Stopp" hörst, halte die Aufnahme an und schreibe in dein Heft.

Wenn du den ganzen Text geschrieben hast, überprüfe.
Unterstreiche die Fehler.
Schreibe die fehlerhaften Wörter richtig in dein Heft.

Schreibe diesen Text als Aufnahme-Diktat in dein Heft.

Auf der Wiese /
Im Frühling / finden wir / viele Tiere / auf der Wiese. /
Bunte Schmetterlinge / flattern / durch die Luft. /
Fleißige Bienen / fliegen / von Blüte zu Blüte. /
Regenwürmer lockern / die Erde auf. /
Schnecken kriechen / über den Boden / und fressen / zarte Blättchen. /
Zwischen den Pflanzen / bauen Spinnen / ihre Netze. /
Füchse / streifen / durch Felder und Wälder. /
Ist das schön! /

Was habe ich gelernt? – 8

Nomen (Seite 101, Lösungsbeilage Seite 6)

1. Bilde zusammengesetzte Nomen. Verwende dazu immer zwei Bildkarten.

2. Aus welchen Nomen sind die folgenden Wörter zusammengesetzt? Schreibe sie mit dem Artikel auf.

Kirschbaum   Schuhschrank   Ritterrüstung
Heringssalat   Haustür   Hosentasche

Satzzeichen (Seite 104, 107, Lösungsbeilage Seite 6)

3. Schreibe die Sätze ab und ergänze die fehlenden Satzzeichen (. ? !).

i oder ie? (Seite 108, 109, Lösungsbeilage Seite 6)

4. Schreibe die Wörter ab und ergänze i oder ie.

K?ste   Sch?ne   w?ssen   g?ßen   s?ben
K?ssen   T?nte   W?se   h?nken   R?se

5. Schreibe die einsilbigen Nomen auf und ergänze i oder ie.

Sch?ld   Sch?ff   T?r
Br?f   K?nd   Sp?l

ch oder chs? (Seite 111, 112, Lösungsbeilage Seite 6)

6. Schreibe die Wörter ab und setze ch oder chs ein.

su?en   Na?t   brau?en   Fu?   Lu?   ma?en
Wo?e   wa?en   Da?   lei?t   ho?   Wa?

 Lerntagebuch

Schreibe in dein Lerntagebuch, was du gelernt hast.
Wie gut kannst du die Aufgaben? Male 😊 😐 ☹.
Was möchtest du noch üben?

<u>Was habe ich gelernt?</u>

- Ich kann zusammengesetzte Nomen in einzelne Nomen zerlegen.
- Ich kann die Satzzeichen . ? ! richtig ergänzen.
- Ich schreibe Wörter mit ie richtig.
- Ich schreibe Wörter mit ch richtig.
- Ich schreibe Wörter mit chs richtig.

<u>Das möchte ich noch üben:</u>

Welt der Bücher

Beim Lesen werden die Figuren lebendig und nehmen dich mit ins Land der Fantasie.

1. Kennt ihr die Figuren? Benennt sie.

2. Finde im Lesebuch die abgebildeten Figuren und schreibe jeweils den Titel und den Autor der Geschichte auf.
Schreibe so in dein Heft:

Titel	Autor
Der gestiefelte Kater	Brüder Grimm

3. Vergleiche die Ergebnisse mit deinem Partner.

Die Klasse 2c besucht die Mediathek.

Die Bibliothekarin stellt den Kindern verschiedene Medien vor.

4. Welche Medien können in der Mediathek ausgeliehen werden?

5. Wart ihr schon einmal in einer Mediathek? Erzählt.

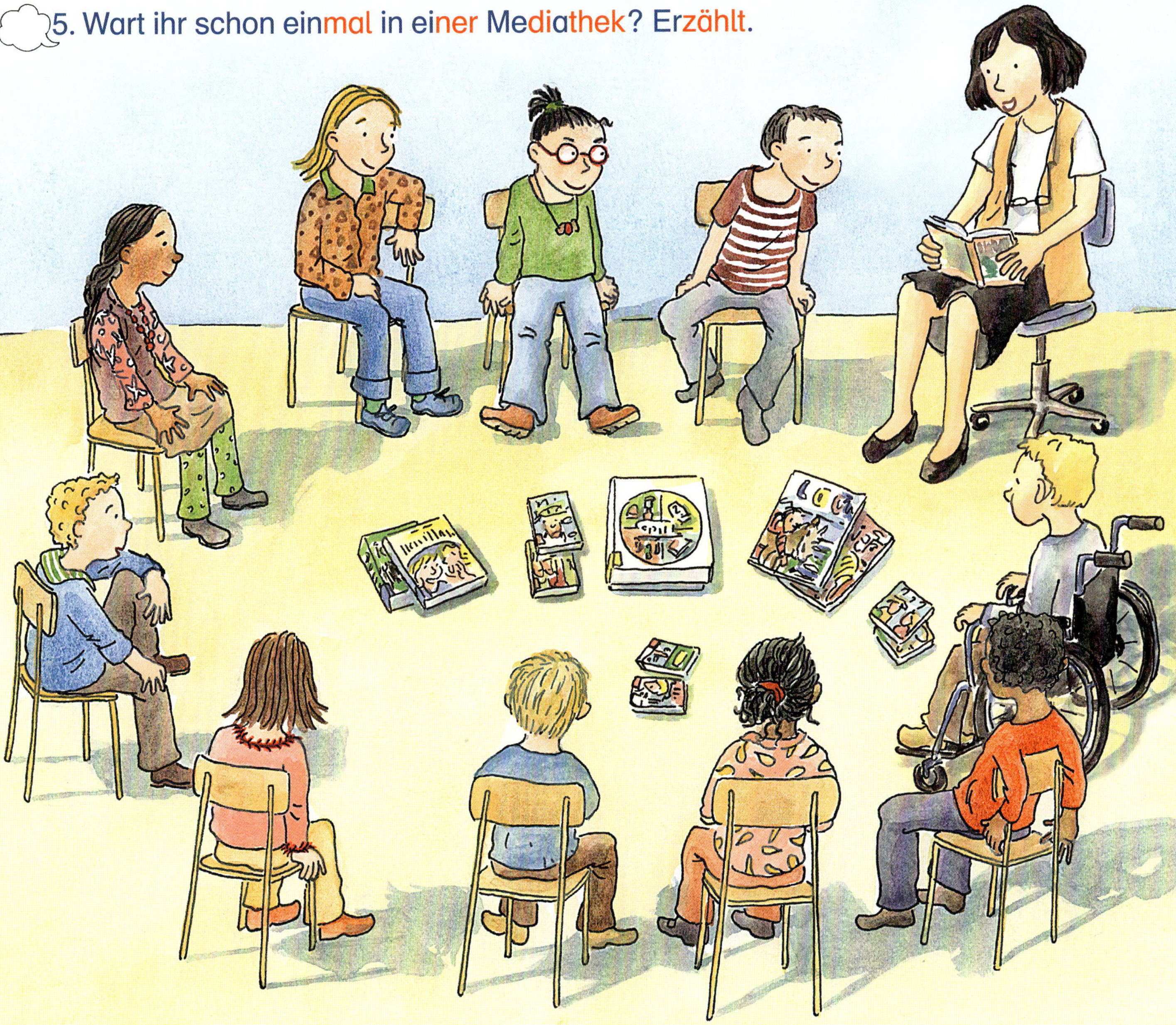

6. Ich: In einer Mediathek gibt es viele verschiedene Bücher.
Bilde zusammengesetzte Nomen und schreibe sie so auf:
das Märchen, das Buch: das Märchenbuch

Märchen | Kinder | Bilder | Abenteuer | Sache | Tier | Buch

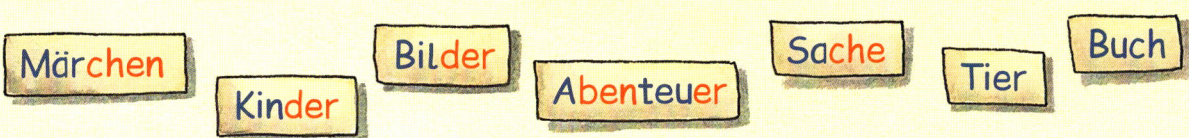

Du: Finde mit deinem Partner für jedes Buch ein Beispiel.

Wir: Stellt eure Ergebnisse vor.

Pippi lernt Wörter mit V/v

Du hast sicher schon einmal von Pippi gehört. Hier besucht Pippi die Schule. Die Lehrerin erklärt gerade, dass Wörter mit V/v eine Besonderheit haben.

1. Was ist das Besondere?

Vogel

Veilchen   November   Verkehr

Vater   Klavier   Vampir   vier

Vulkan   brav   Lava   Vase

Wörter mit V/v
Du hörst F oder W, musst aber V schreiben – diese Wörter musst du dir merken!

2. Sprich die Wörter und trage sie in die richtige Spalte ein:

V wie F gesprochen	V wie W gesprochen
Vogel	Vase

3. Schreibe die Sätze ab und setze passende Wörter aus Aufgabe 2 ein:
Pippi spielt gerne Klavier.

Pippi spielt gerne 🎹.

Pippi pflückt 🌸 und stellt sie in eine 🏺.

Gerne würde Pippi um Mitternacht mit einem 🧛 tanzen.

Pippis größter Wunsch ist es, wie ein 🐦 fliegen zu können.

Wortbausteine

1. Was macht Pippi?

2. Schreibe das Verb ziehen mit den Wortbausteinen auf:

   aufziehen, ...

3. Ergänze jeden Satz mit einem passenden Verb aus Aufgabe 2:

   Pippi will in die Villa Kunterbunt _____.

   Pippi kann die Spieluhr _____.

   Abends muss Pippi die Strümpfe _____.

   Morgens soll Pippi ihre Schuhe _____.

4. Schreibe den Text ab und setze den Wortbaustein ver- oder vor- ein:

   Als Pippi durch das Fenster klettert,

   muss sie sich der Lehrerin vorstellen.

   Als Pippi durch das Fenster klettert, muss sie sich der Lehrerin ___stellen. Danach soll sie die Wörter mit V/v ___lesen und Rechenaufgaben lösen. Dabei ___rechnet sie sich. Pippi kann nicht ___stehen, dass die anderen Kinder gerne zur Schule gehen.

5. Vergleiche die Ergebnisse mit deinem Partner.

Buchvorstellung

Malte stellt der Klasse sein Lieblingsbuch vor.
Das hat er über sein Buch aufgeschrieben:

Mein Lieblingsbuch heißt:
Nils Holgersson

Die Autorin/der Autor heißt:
Selma Lagerlöf

Die Hauptfiguren in meinem Buch sind:
Nils Holgersson, die Hausgans Martin und
die Wildgans Akka

Davon wird in meinem Buch erzählt:
Nils wird in einen Wichtel verwandelt und
fliegt mit den Wildgänsen nach Lappland.
Gemeinsam erleben sie viele Abenteuer.

Das hat mir am besten gefallen:
Aus dem bösen Nils wird ein treuer Freund der
Hausgans Martin. Er möchte sogar als Wichtel
weiterleben, damit Martin nicht geschlachtet
wird.

1. Lest Maltes Text.
   Warum hat er Absätze gebildet?

2. Beschreibe dein Lieblingsbuch.

3. Präsentiere das Buch in der Klasse:
   - Trage deine Beschreibung frei vor.
   - Lies eine Stelle aus deinem Buch vor, die dir besonders gefällt.
   - Beantworte die Fragen deiner Klassenkameraden
     zu dem Buch möglichst genau.

Nils Holgerssons erster Flug

1. Plötzlich findet sich Nils hoch in der Luft wieder.
2. Er klammert sich an Martins Federn fest.
3. Er sieht, wie sich dessen Flügel gleichmäßig heben und senken.
4. Vor ihm fliegen zwei Wildgänse.
5. Ängstlich sieht er nach unten.
6. Unter sich sieht er, dass die Häuser und Bäume immer kleiner werden.
7. In der Ferne sieht er das Meer.
8. Auf einmal wird es Nils ganz leicht ums Herz.
9. Er freut sich, dass er die Welt von oben sehen kann.

1. Lies den Text. Was fällt dir auf?
2. Welches Wort wiederholt sich häufig? Nennt die Zeile.
3. Schreibe den Text in dein Heft und ersetze dieses Wort der Reihe nach durch die Wörter in den Federn:
4. Besprecht eure Ergebnisse in der Klasse.
5. Suche im Wörterbuch weitere Verben, die du für sehen einsetzen kannst.

beobachten
blicken
erkennen
entdecken
betrachten

Verschiedene Wörter für sehen

Franz erfindet Sat-sechs

Eines Tages beklagt sich Franz bei seiner Mutter, dass sie zu wenig Fernsehprogramme haben.

> Die anderen schauen immer die tollsten Filme.
> Und am nächsten Tag erzählen sie davon.
> Und dann kann ich nicht mitreden.
> Und deshalb komme ich mir immer wie der „Blöde" vor.
> Und aus lauter Verzweiflung habe ich einen neuen Sender erfunden, nämlich Sat-sechs.

1. Ich: Lies den Text. Was fällt dir auf?
   Du: Wie könnt ihr die Satzanfänge abwechslungsreicher gestalten?
   Wir: Besprecht eure Lösung in der Klasse.

2. Überarbeite die Satzanfänge, indem du und weglässt.
   Schreibe die Sätze auf.

3. Im Fernsehen gibt es viele verschiedene Sendungen.
   Welche Sendung schaust du gerne an? Begründe.

   Kindernachrichten Märchenfilm Sportsendung Naturfilm
   Zeichentrickfilm Tierfilm Quizshow

4. Spielt der Klasse eine Sendung vor.
   Die Mitschüler erraten den Titel der Sendung.

Am Computer

Hanna macht gerne Lernspiele am Computer.

1. Ordnet die folgenden Wörter den einzelnen Computerteilen zu.
   Besprecht, wozu ihr sie braucht.

   A) Maus   B) CD-ROM   C) Tastatur   D) Monitor   E) Rechner   F) Drucker

2. Wozu verwendet ihr den Computer?

   Hanna hat einen Text am Computer geschrieben.
   Der Computer zeigt falsch geschriebene Wörter an.

   > Franz ist ein kleiner Junge. Eines Tages fält ihm sein Heft in die Badewane. Deshalb schreibt sein Fater dem Lehrer einen Brif. Aber der Brif wird auch nas und for lauter Aufregung kann Franz nur noch pipsen.
   > Da hat er eine Idee. Er nimt seine Entschuldigung einfach auf Kassette auf und spilt sie dem Lehrer vor.

3. Schreibe den Text richtig. Verwende dazu das Wörterbuch.
   Franz ist ein kleiner Junge. Eines Tages ...

Spaß in der Schule mit Pippi und dem Sams

Pippi zeigt dem Sams Bildkarten. Bei allen Wörtern hört es am Anfang Sch. Das Sams darf ch sparen, wenn es wie bei Spiegel oder Stuhl nach dem Sch ein p oder t hört. Es muss dann nur Sp oder St schreiben.

Sp oder St am Wortanfang
Vor p und t hören wir sch,
schreiben aber nur s!

1. Welche Wörter sind auf den Bildkarten dargestellt?

2. Ich: Welche Wörter werden mit Sp, St oder Sch am Wortanfang geschrieben?
   Trage die Wörter in eine Tabelle ein. Überprüfe mit dem Wörterbuch.

Sp	St	Sch
Spiegel	Stock	Schiff

Du: Vergleiche die Ergebnisse mit deinem Partner.
Findet weitere Wörter und tragt sie in die Tabelle ein.

Wir: Stellt eure Wörter in der Gruppe vor.
Die Mitschüler nennen die Schreibung
am Wortanfang.

3. Setze sp, st oder sch ein und bilde mit den Verben Sätze.
   Das Sams stolpert über seine eigenen Füße.

♟ annen   ♟ arren   ♟ ören   ♟ olpern   ♟ ielen   ♟ einen   ♟ aren

Wörter mit Sp, St und Sch

Das Sams schreibt gerne lustige Verse und kleine Rätsel,
um sich die Schreibweise von Wörtern zu merken.

Jetzt geh' ich auf die Schnelle zum Trinken an die 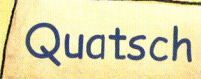.

Quatsch

Ich esse gern Salat und hüpfe im .

Ich stampfe durch den Matsch und mache ganz viel 🌀.

4. Welches Reimwort passt?
   Schreibe die Verse ab und setze die Wörter auf den Karten ein.

5. Kannst du die Rätsel lösen? Schreibe die Antwort auf:
   A: Es ist der Clown.

   A: Er ist ein Spaßmacher.   B: Er heißt auch Rechner.

   C: Es ist der hundertste Teil eines Euros.

   D: So heißt der 5. Monat.   E: Er herrscht über ein großes Reich.

   Computer
   Mai
   Clown
   Cent
   Kaiser

6. Zu manchen Wörtern zeichnet das Sams.

7. Wählt ein Nomen aus.
   Überlegt, wie ihr euch die Schreibweise merken wollt.

Mnemotechniken für schwierige Wörter 125

Was habe ich gelernt? – 9

Wortbausteine (Seite 119, Lösungsbeilage Seite 6)

1. Schreibe die Verben mit passenden Wortbausteinen auf.

2. Schreibe zu jedem Verb mit Wortbaustein aus Aufgabe 1 einen Satz.

3. Schreibe die Texte ab. Setze den Wortbaustein ver- oder vor- ein.

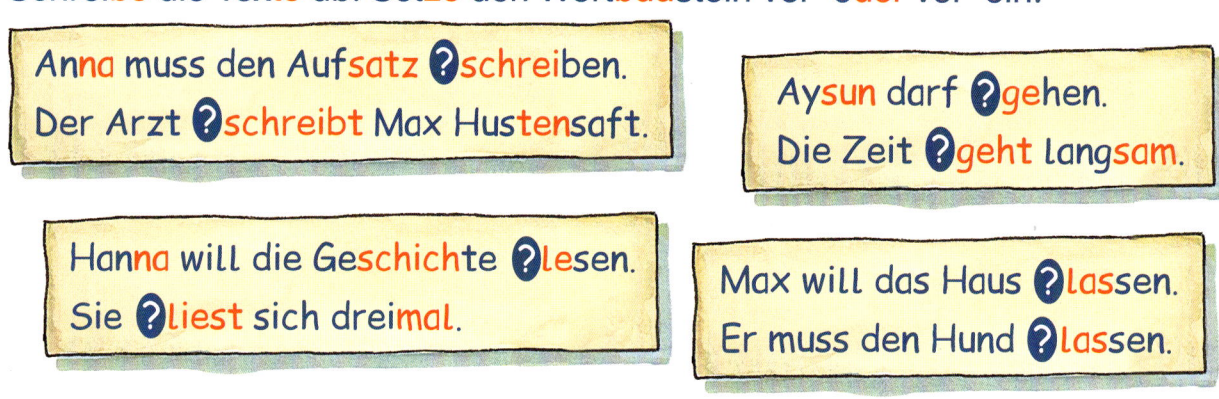

Anna muss den Aufsatz ❓schreiben.
Der Arzt ❓schreibt Max Hustensaft.

Aysun darf ❓gehen.
Die Zeit ❓geht langsam.

Hanna will die Geschichte ❓lesen.
Sie ❓liest sich dreimal.

Max will das Haus ❓lassen.
Er muss den Hund ❓lassen.

Sp/sp, St/st oder Sch/sch (Seite 124, 125, Lösungsbeilage Seite 7)

4. Schreibe den Text ab und setze Sp/sp, St/st oder Sch/sch ein.

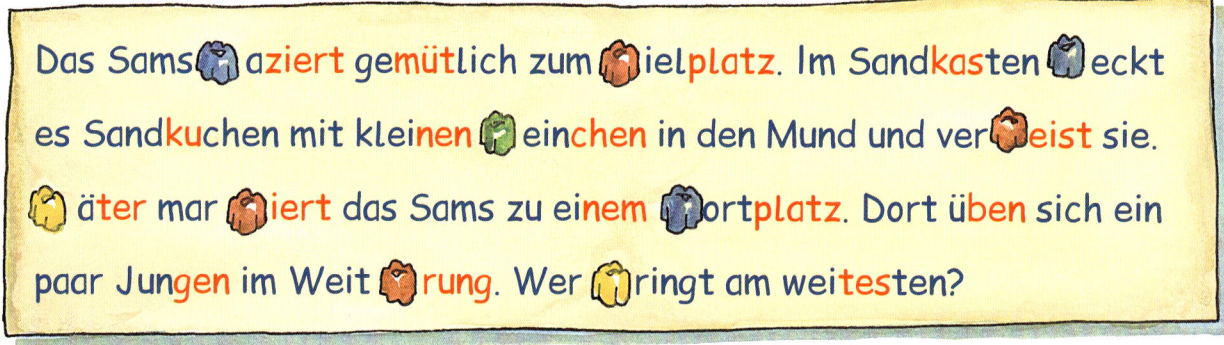

Das Sams❓aziert gemütlich zum ❓ielplatz. Im Sandkasten ❓eckt es Sandkuchen mit kleinen ❓einchen in den Mund und ver❓eist sie. ❓äter mar❓iert das Sams zu einem ❓ortplatz. Dort üben sich ein paar Jungen im Weit❓rung. Wer ❓ringt am weitesten?

Treffende Wörter für „sehen" (Seite 121, Lösungsbeilage Seite 7)

5. Ersetze das Verb sehen durch treffendere Wörter.

Hanna sieht, wie die Bienen Nektar sammeln.
Timo sieht am Waldrand ein Reh.
Der Kapitän sieht auf das Meer hinaus.
In aller Ruhe sieht er das Gemälde.

betrachten
blicken
entdecken
beobachten

Fehler finden (Seite 123, Lösungsbeilage Seite 7)

6. Finde die sechs Fehler und schreibe den Text richtig. Nutze das Wörterbuch.

> Das Wasser fließt aus der Kwelle in den See.
> Hanna geht mit ihrem Fater ins Schwimmbad.
> Auf dem Spielplatz sind file Kinder.
> In der Wase sind gelbe Tulpen.
> Die Hekse reitet auf ihrem Besen durch die Luft.
> Xaver hat 80 Sent in seinem Geldbeutel.

Doppelkonsonanten

(Lösungsbeilage Seite 7)

7. Sprich und klatsche die Nomen.
Trage die Wörter in Häuschen A oder Häuschen C ein.

 k/ck: Stö?e

 n/nn: Spi?e

 l/ll: Stä?e

 t/tt: Spli?er

 t/tt: Spa?en

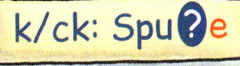 k/ck: Spu?e

Lerntagebuch

Schreibe in dein Lerntagebuch, was du gelernt hast.
Wie gut kannst du die Aufgaben? Male ☺ 😐 ☹.
Was möchtest du noch üben?

Was habe ich gelernt?

- Ich kann neue Verben mit den Wortbausteinen vor- und ver- bilden.
- Ich kann sehen durch treffende Verben ersetzen.
- Ich schreibe Wörter mit Sp/sp, St/st und Sch/sch richtig.
- Ich finde Fehler in einem Text.
- Ich schreibe Wörter mit Doppelkonsonanten richtig.

Das möchte ich noch üben:

Tiere als Freunde

1. Betrachtet die Bilder. Erzählt.

 2. Ich: Welches Tier ist dein Lieblingstier?
   Du: Nenne deinem Partner dein Lieblingstier. Begründe.
   Dein Partner schreibt Wörter dazu auf.
   Wir: Stelle in der Gruppe das Lieblingstier deines Partners vor.

 3. Wähle ein Thema aus und schreibe dazu.

   | Mein schönstes Tiererlebnis | Mein Wunschtier |

 4. Lest eure Texte in der Klasse vor.

Gesprächs- und Schreibanlass: Tiere

Unsere Lieblingstiere

Die Kinder der Klasse 2c haben ihre Lieblingstiere genannt und eine Strichliste angelegt.

1. Wie viele Kinder sind in Klasse 2c?

   Welches ist das beliebteste Tier?

   Welches Tier wird am wenigsten genannt?

   Anschließend haben die Kinder ein Balkendiagramm erstellt.
   Für jede Nennung in der Strichliste haben sie ein Kästchen angemalt.

2. Fertigt in eurer Klasse eine Strichliste zum Thema Lieblingstier an.

3. Erstelle dann ein Balkendiagramm.

4. Besprecht euer Ergebnis.

Gesprächsanlass: Haustiere; Diagramme

Tiere in verschiedenen Sprachen

Die Kinder der Klasse 2c legen ein Tierlexikon über ihre Lieblingstiere in verschiedenen Sprachen an.

Sprache	Wort
deutsch	Hund
englisch	dog
französisch	chien [schien]
italienisch	cane [kane]
russisch	собака [sobaka]
türkisch	köpek [köpek]
polnisch	pies [pies]

1. Ich: Vergleiche die Wörter für Hund in den verschiedenen Sprachen. Was fällt dir auf?
   Du: Was hat dein Partner herausgefunden? Tauscht euch aus.
   Wir: Besprecht die Gemeinsamkeiten und Unterschiede der Wörter in der Klasse.

2. Nenne das Wort in einer Sprache. Dein Partner sagt, welche Sprache es ist.

3. Legt in der Klasse ein Tierlexikon über eure Lieblingstiere an. In welchen Sprachen wollt ihr die Tiernamen aufschreiben?

4. Aus welchen Ländern kommen diese Hunderassen?

Лайка [Laika]

Cane Corso

Polski Owczarek

çoban köpeği

Informationen sammeln und festhalten

Hanna und Malte wollen der Klasse ihr Lieblingstier vorstellen.
Sie holen Informationen über den Labrador ein.

1. Welche Experten befragen sie?
2. Wie halten sie die Informationen fest?

3. Wie können sie sich noch über ihr Lieblingstier informieren?
   Sammelt Ideen und stellt sie der Klasse vor.

4. Hanna und Malte werten die gesammelten Informationen aus.
   Wie halten sie wichtige Begriffe fest?

Ein Plakat gestalten

Hanna und Malte haben dieses Plakat über den Labrador gestaltet.

Der Labrador

- Der Labrador ist ein Familienhund und braucht viel Kontakt zu Menschen.
- Dreimal täglich braucht er genügend Auslauf.
- Er muss regelmäßig gebürstet werden.

Umgang und Pflege

Nahrung

- Der Labrador frisst Fleisch, Gemüse oder Fertigfutter.
- Gerne nagt er an Kalbsknochen.
- Er trinkt viel Wasser.

Aussehen

Rute, Fell, Ohren, Schnauze, Lauf, ca. 52 cm groß, Pfote

Zubehör

- Der Labrador spielt gerne mit einem Ball.
- Zum Ausführen braucht er ein Halsband und eine Leine.
- Für Wasser und Futter benötigt er jeweils einen Napf.
- Zum Schlafen benötigt er einen Hundekorb oder eine Hundehütte.

Gestalte ein Plakat über dein Lieblingstier.
So kannst du vorgehen:

1. Überlege dir Fragen zu deinem Tier.
2. Sammle Informationen bei Experten, aus Büchern oder dem Internet.
3. Schreibe wichtige Begriffe auf Kärtchen und ordne sie.
4. Sammle Fotos und male Bilder zu deinem Tier.
5. Schreibe mithilfe der geordneten Begriffe kleine Texte.
6. Klebe die Texte, Bilder und Fotos auf ein Plakat.

Einen Vortrag halten

Hanna möchte das Plakat in der Klasse präsentieren.
Um frei vor der Klasse sprechen zu können,
lernt sie die Texte zunächst auswendig.
Dann übt sie den Vortrag allein.
Später hält sie den Vortrag vor Malte.
Weil sie aufgeregt ist, spricht sie
ziemlich schnell und leise.
Während des Vortrags blickt sie Malte an
und zeigt dabei auf das Plakat.
Als sie fertig ist, bittet sie Malte
um Rückmeldung.

1. Ich: Lies den Text. Wie bereitet sich Hanna auf ihren Vortrag vor?
   Du: Überlege mit deinem Partner, was Malte Hanna rückmelden könnte:
       Was hat Hanna gut gemacht?
       Was könnte Hanna verbessern?
   Wir: Wie sollte ein guter Vortrag sein?
       Schreibt in der Gruppe Stichpunkte auf.

   Ich denke, dass …
   Du könntest …

2. Vergleicht eure Stichpunkte in der Klasse.
   Schreibt auf, wie ein guter Vortrag sein soll.

   Ein guter Vortrag:
   - Ich spreche …
   - Ich betone …
   - Ich schaue …
   - Ich zeige …

3. Lerne nun deinen Text auswendig.

4. Trage ihn einem Partner vor, der dir Rückmeldung gibt.
   Übe den Vortrag noch einmal.

5. Halte deinen Vortrag vor der Klasse.

6. Sprecht über eure Vorträge.

Ich meine, dass …
Ich habe erfahren, dass …

Bei den Pferden – Wörter mit Pf/pf

Malte besucht mit seinen Eltern den Reiterhof.

1. Erzählt zu dem Bild.

2. Bilde Sätze und schreibe so:
   Die Katze pflegt ihr Fell.

- Reitlehrerin Pony binden
- Katze ihr Fell pflegen
- Pferde über das Kopfsteinpflaster traben
- Spatzen in Pfützen baden
- Lied pfeifen Vater
- Mutter Pony am Kopf kraulen
- Pferd viele kleine Zöpfe haben
- Hund Pfote lecken
- Lena Äpfel für Pony pflücken
- Malte durch den Matsch stapfen

3. Kreise Pf/pf in den Wörtern in deinem Heft ein.

4. Suche im Wörterbuch weitere Wörter mit Pf/pf und schreibe sie in dein Heft.

5. Welche Wörter hat dein Partner gefunden? Tauscht euch aus.

Luca auf dem Reiterhof

Luca auf dem Reiterhof

Malte trifft Luca auf dem Reiterhof. Er ist elf Jahre alt und kommt seit acht Jahren regelmäßig zum Reiten. Hier reiten behinderte und nicht behinderte Kinder zusammen.

Luca stellt sein Lieblingspferd vor:

> Das ist Vice. Ich streichle gerne sein weiches, schwarzes Fell. Weil ich am liebsten auf ihm reite, habe ich mir extra eine schwarze Jacke und eine schwarze Reithose gekauft.

Luca ist körperbehindert und kann nicht allein gehen. Deshalb hat er einen Rollator und einen Rollstuhl. Luca ist sehr stolz, dass er mit anderen Kindern reiten kann. Das Reiten lockert seine Beine und kräftigt seinen Rücken.

1. Ich: Betrachte die Bilder und lies den Text.
   Du: Was fällt Luca schwer? Welche Hilfsmittel braucht er?
   Wir: Warum ist Luca stolz darauf, reiten zu können? Sprecht in der Gruppe.

2. Kennt ihr ein Kind mit Behinderung? Wie könnt ihr ihm helfen?

Wir reimen mit tz-Wörtern

1. Finde zu den Wörtern auf den Kärtchen die passenden Reimwörter aus der Mauer.
   Katze: Tatze, …

   Spritze · Schütze · Katze · flitzen · Schatz · schmatzen · Witz

2. Welches Wort bleibt übrig?
3. Vergleiche die Ergebnisse mit deinem Partner.

Lang oder kurz?

4. Sprecht und klatscht die Wortpaare.

5. Trage die Wörter in Häuschen A oder Häuschen C ein.

   Wörter mit den Zwielauten stehen immer im Häuschen A.

   z/tz: Käu?e   z/tz: Ka?e   z/tz: Wi?e
   z/tz: Wei?en z/tz: hei?en z/tz: Schnau?e
   z/tz: Hi?e   z/tz: schni?en z/tz: rei?en z/tz: ri?en

Mit Ka🐾en kann man viel erleben

Hannas Freundin Lisa erzählt von ihrer Katze:

Meine Ka🐾e heißt Mohrle. Ihr Lieblingspla🐾 ist am Fenster.
Dort beobachtet sie viele Spa🐾en.
Sie si🐾t auch gerne in der Sonne und pu🐾t ihr Fell.
An einem Kra🐾baum we🐾t sie ihre Krallen.
Wenn ich sie rufe, fli🐾t sie bli🐾schnell in die Küche und frisst.
Je🐾t höre ich sie schma🐾en.
Wenn sie satt ist, springt sie mit einem Sa🐾 an ihren Pla🐾 und schnurrt zufrieden.

1. Schreibe den Text in dein Heft und setze statt der Katzenpfote 🐾 tz ein.

2. Schreibe auf, was die Katze tut:
   Die Katze macht einen Katzenbuckel.

| Katze | machen
schnurren
wetzen
lauern
fangen | Krallen
Katzenbuckel
zufrieden
Maus
auf Beute |

3. Was hast du schon mit Katzen erlebt?

Wörter mit tz; einfache Sätze bilden

Eine Tiergeschichte

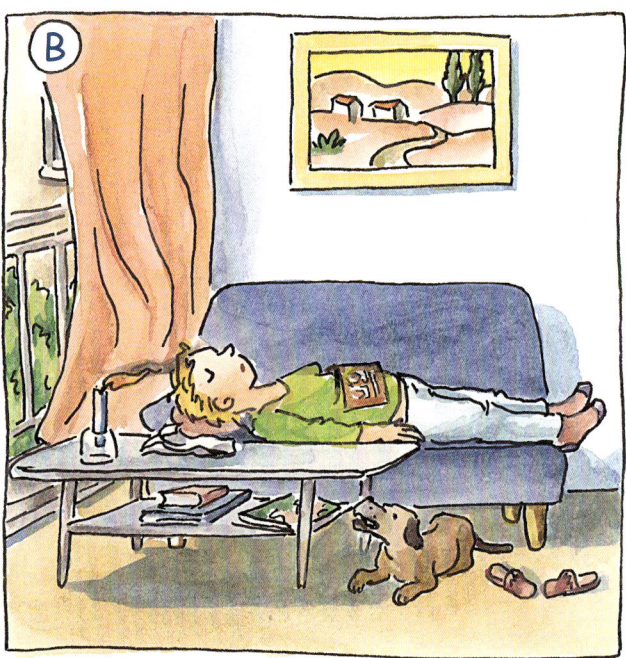

 1. Betrachtet die Bilder. Erzählt.

 2. Ich: Was könnte auf dem dritten Bild zu sehen sein?
　　　　Male dazu auf ein Blatt.
　　Du: Erzähle deinem Partner, was du gemalt hast.
　　Wir: Vergleicht eure Bilder:

　　　　Passt das Bild zum Anfang der Geschichte?　　Passt das Bild zum Ende der Geschichte?

3. Überarbeite dein Bild.

Im Mittelteil einer Geschichte wird es spannend.

Folgende Satzanfänge helfen dir: | Auf einmal … | Plötzlich …

Überlege: | Was sagen die Figuren? | Was fühlen die Figuren?

4. Welcher Text ist spannend? Begründet.

A) Herr Müller wacht auf und löscht das Feuer.

B) Plötzlich bemerkt Herr Baum das Feuer. Erschrocken ruft er: „Hilfe!"

C) Ängstlich ruft Frau Klein: „Was ist los?"

5. Schreibe die Geschichte mit einer Überschrift auf.

Beachte am Anfang die Fragen: | Wann …? | Wer …? | Wo …? | Was …?

Schreibe einen spannenden Mittelteil.

6. Bildet Gruppen. Lest eure Geschichten vor und überprüft gemeinsam, ob ihr alles Wichtige geschrieben habt.

Um welches Haustier handelt es sich?

Wie kam es zu der gefährlichen Situation?

Du hast die Geschichte spannend geschrieben.

7. Ergänze die fehlenden Angaben in deiner Geschichte.

Schreibanlass: Bildergeschichte; Texte überarbeiten

Vorbeugen ist besser als löschen

Zimmerbrand

Starnberg. Aus Unachtsamkeit brach gestern im 1. Stock eines Mehrfamilienhauses ein Zimmerbrand aus. Nur der Aufmerksamkeit eines Hundes ist es zu verdanken, dass größerer Schaden vermieden werden konnte.

Ein 43-jähriger Bewohner war an einem Tisch mit einer Zeitung und einer brennenden Kerze eingeschlafen. Nachdem die Zeitung Feuer gefangen hatte, wurde der Mann durch seinen Hund geweckt. Er konnte den Brand gerade noch rechtzeitig löschen, sodass sich das Feuer nicht ausbreiten konnte.

Immer wieder kommt es durch unsachgemäßen Gebrauch von offenem Feuer zu Bränden.

Die Feuerwehr rät:

- Kerzen dürfen nie in der Nähe von brennbaren Stoffen stehen.
- Kerzen dürfen nicht unbeaufsichtigt brennen.
- Kerzen dürfen nicht zu weit herunterbrennen.

1. Lest den Zeitungsausschnitt. Was steht im ersten Absatz?
   Wie kam es zu dem Brand? Nennt die Spalte und die Zeilen.
   Wie hätte der Brand vermieden werden können?

2. Welche Gefahrenquellen kennt ihr noch?

Bei unseren Nachbarn brannte einmal der Toaster.

Ein dürrer Adventskranz ist auch gefährlich.

3. Warum ist offenes Feuer gefährlich?
   Schreibt drei Gründe auf:
   Offenes Feuer ist gefährlich, weil …

4. Stellt eure Gründe in der Klasse vor und sprecht darüber.

Richtig abschreiben – Wortarten erkennen

 Lies den Text.

 Schreibe die Nomen in der Mehrzahl und in der Einzahl in dein Heft.

 Schreibe die Adjektive mit dem dazugehörenden Artikel und dem Nomen auf.

 Schreibe die Verben in der Grundform und in der er-Form in dein Heft.

 Schreibe den Text mit zwei Farben in dein Heft.

Auf dem Ponyhof

Hanna und Malte besuchen mit Freunden den Ponyhof.

Auf der Koppel grasen die braunen Pferde.

Vor der Hundehütte liegt eine schwarze Hündin.

Die kleinen Welpen spielen mit dem Ball.

Auf der Mauer putzt sich die Katze das weiche Fell.

Die Schildkröten fressen die frischen Salatblätter.

Zum Schluss reitet jedes Kind. Das ist ein schöner Tag.

Was habe ich gelernt? – 10

F/f oder Pf/pf (Seite 134, Lösungsbeilage Seite 7)

1. Schreibe die Sätze ab und ergänze die Lücken mit F/f oder Pf/pf.

Max ?ährt mit dem ?ahrrad zu seinem ?legepony. Er bindet das Pony an einem ?osten ?est und ?legt das ?ell mit einer weichen Bürste. Nach einer Weile stam?t das ?erd ungeduldig mit dem Hu? au?. Max klo?t ihm beruhigend den Hals. Zum Schluss ?ettet Max die Hu?e ein. Nun ist das Pony ?ertig.

Diagramme lesen (Seite 129, Lösungsbeilage Seite 7)

2. Im Balkendiagramm sind die Hobbys der Klasse 2a dargestellt.

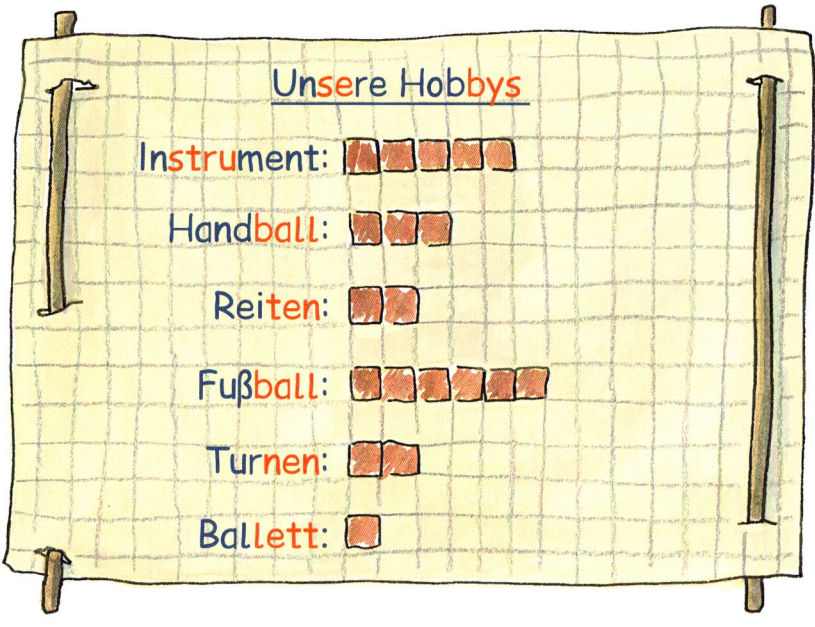

Schreibe die Sätze ab und ergänze die Lücken mithilfe des Diagramms.

In der Klasse 2a sind  Schüler.

Die meisten Kinder spielen ____ .

Gleich viele Kinder ____ und ____ .

Die wenigsten Kinder machen ____ .

Fünf Kinder spielen ein ____ .

Fußball spielen doppelt so viele Kinder wie ____ .

z oder tz? (Seite 136, 137, Lösungsbeilage Seite 7)

3. Schreibe die Wörter auf und ergänze z oder tz.

Spa?en   Schnau?e   ri?en   rei?en   Ka?e
Wei?en   fli?en   we?en   hei?en   kra?en

Eine Geschichte schreiben (Seite 138, 139, Lösungsbeilage Seite 7, 8)

4. Betrachtet die Bilder.
   Was könnte auf dem dritten Bild zu sehen sein?

5. Schreibe die Geschichte mit einer Überschrift auf.
   Der Mittelteil der Geschichte soll spannend sein.

 Lerntagebuch

Schreibe in dein Lerntagebuch, was du gelernt hast.
Wie gut kannst du die Aufgaben? Male 🙂 😐 🙁.
Was möchtest du noch üben?

Was habe ich gelernt?

- Ich kann ein Balkendiagramm lesen.
- Ich schreibe Wörter mit Pf/pf richtig.
- Ich schreibe Wörter mit tz richtig.
- Ich schreibe den Mittelteil einer Geschichte spannend.

Das möchte ich noch üben:

Wir laden ein

Die Klasse 2c schreibt eine Einladung an ihre Partnerklasse.

1. Welche Angaben fehlen noch?

2. Ordnet die Angaben aus der Flasche folgenden Fragewörtern zu:

   Wer? Wann? Wo? Was? Wen?

Liebe 🏴,

am 🏴 wollen wir zusammen ein 🏴 feiern. Wir treffen uns um 🏴 auf unserem 🏴. Wir haben uns einige Überraschungen für euch ausgedacht. Verkleidet euch bitte als 🏴.

Wir freuen uns auf euch.

   Eure 🏴

Piratenfest
15.00 Uhr
Partnerklasse
30. Juni
Klasse 2c
Piraten
Schulhof

3. Schreibe die Einladung ab und ergänze die Angaben aus der Flasche an den passenden Stellen:
   Liebe Partnerklasse,
   am …

W-Fragen

Die wichtigsten Angaben findest du als Antwort auf folgende Fragewörter: Wer? Wann? Wo? Was? Wen?

4. Wozu möchtest du einladen? Schreibe eine Einladung auf ein Blatt.

   Klassenfest   Schatzsuche    ?

5. Stelle der Klasse die Einladung vor.

So sieht ein Pirat aus

Malte findet in einem Buch das Bild eines Piraten.

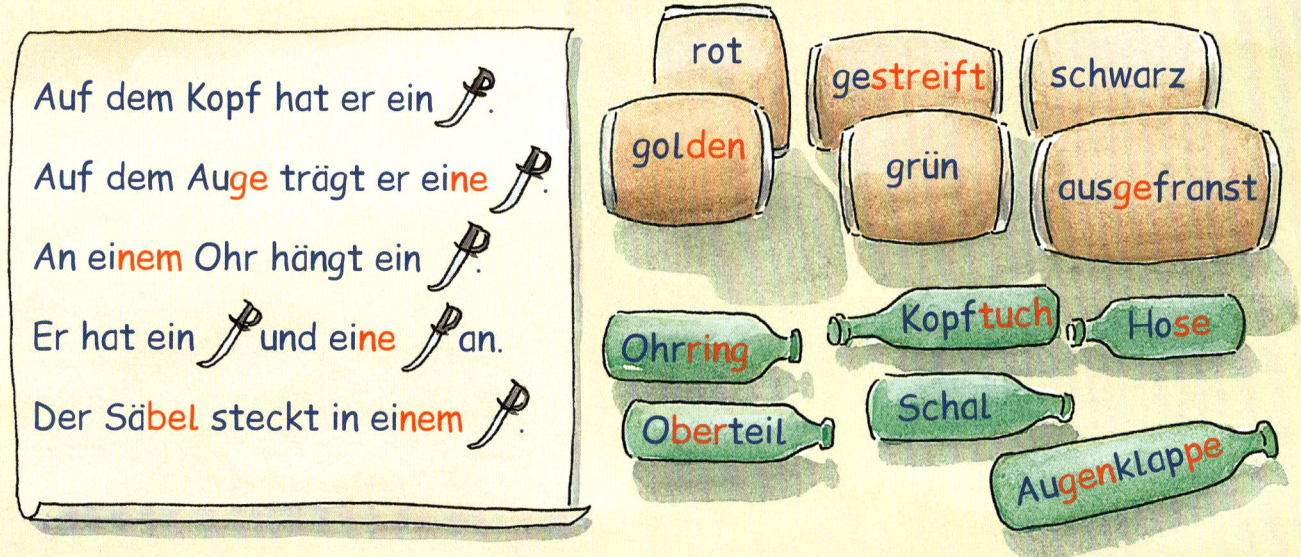

1. Was wisst ihr über Piraten? Erzählt.

2. Ich: Wie sehen Piraten aus? Schaue in Büchern nach.
   Du: Was hat dein Partner herausgefunden?
   Wir: Sammelt eure Ergebnisse in der Klasse.

3. Betrachte den Piraten auf dem Bild. Ergänze die Beschreibung mit Adjektiven und Nomen aus den Fässern und Flaschen:

Auf dem Kopf hat er ein 🛢.
Auf dem Auge trägt er eine 🛢.
An einem Ohr hängt ein 🛢.
Er hat ein 🛢 und eine 🛢 an.
Der Säbel steckt in einem 🛢.

rot   gestreift   schwarz
golden   grün   ausgefranst

Ohrring   Kopftuch   Hose
Oberteil   Schal
              Augenklappe

4. Wie würdest du dich als Pirat verkleiden? Schreibe in der ich-Form.

146 Personenbeschreibung

Land in Sicht

Seit vielen Wochen durchkreuzen die Piraten das Meer. Sie sind auf der Suche nach einer geheimnisvollen Schatzinsel. Eines Morgens geht ein Schiffsjunge in den Ausguck. Plötzlich ruft er: „Land in Sicht!" Schnell geht er wieder herab. Kapitän Holzbein geht zum Steuerrad und schaut durch das Fernrohr. Erschrocken geht die Schiffskatze weg. Neugierig gehen die Piraten an Deck. Haben sie endlich die Schatzinsel gefunden?

klettern
rennen
steigen
springen
hinken

1. Lest den Text laut. Was fällt euch auf?

2. Welches Wort wiederholt sich häufig?

3. Schreibe den Text ab und ersetze dieses Wort durch treffende Verben aus der Insel:
   Seit vielen Wochen …

4. Finde weitere Verben, die du für gehen einsetzen kannst. Das Wörterbuch hilft dir.
   gehen: laufen, …

5. Pantomime: Ein Kind stellt ein Verb pantomimisch dar, die anderen raten. Wer es herausfindet, darf ein weiteres Verb vorspielen.

Verschiedene Wörter für gehen

Die Schatzinsel

Kapitän Holzbein hat im Fernrohr eine Insel gesichtet.
Er reißt sich den Hut vom Kopf und pfeift durch die Zahnlücke.
Da flattert der zahme Papagei auf seine Schulter und krächzt laut:
„Kahlkopf, Kahlkopf!"
Ärgerlich hält sich Holzbein die Ohren zu.
Den Schiffsjungen, der die Insel entdeckt hat, lobt er mit den Worten:
„Gut gemacht, mein Sohn. Das muss die Schatzinsel sein!"
Nun soll die Insel erkundet werden.
Die Wahl fällt auf die zehn mutigsten Piraten.
Holzbein treibt sie an und schaut auf die Sanduhr: „Seid nicht so lahm!
Wir haben kein ganzes Jahr Zeit."
Schnell lassen die Piraten das Beiboot zu Wasser und klettern hinein.

1. Lest die Geschichte laut vor.
   In welchen Wörtern hört ihr das h nicht?

```
A Z J K F E R N R O H R G E N Z A H N L Ü C K E M E R O
D I L A Z A H M E R E N T O K A H L K O P F L I R A T U
B A S I L O T E S O H R E N D I S A M O S O H N D A M U R
R A T U W A H L D U S I M A R G O Z E H N B A S U L I T
F S A N D U H R G A L A M O L A H M E T O G J A H R L I K
```

 2. Ich: Finde die h-Wörter in einsilbiger Form und schreibe sie auf:
   Rohr, ...
   Du: Vergleicht eure Ergebnisse.
   Wir: Auf welche Buchstaben enden diese Wörter mit dem stummen h?

3. Gestaltet ein Plakat mit einem Piratenschiff für die Wörter mit dem stummen h.

4. Ordnet alle einsilbigen Wörter aus Aufgabe 3 den Segeln mit dem passenden Endbuchstaben zu.

5. Schreibe die einsilbigen Wörter mit dem stummen h nach den Endbuchstaben geordnet auf:

l	m	n	r
küh(l)			

sehr, Rahm, Kahn, kühl, Zahl, mehr, Bahn, Lehm

stummes h

In einsilbigen Wörtern, die auf l, m, n, r enden, steht vor diesen Buchstaben meistens ein h. Dieses h sprechen wir nicht.

Auf zur Insel!

Kapitän Holzbein will in das Beiboot steigen.
Der Schiffsjunge hilft Kapitän Holzbein, die Strickleiter hinabzuklettern.
Nun steigen die Piraten zu Kapitän Holzbein ins Boot.
Holzbein befiehlt den Piraten: „Nehmt die drei Wasserfässer mit!"
Die anderen reichen den Piraten im Boot die Wasserfässer herunter.
Dann setzt sich Kapitän Holzbein ans Steuerruder.
Der Schiffsjunge fragt Kapitän Holzbein: „Darf ich auch mit?"
Gut gelaunt erlaubt Kapitän Holzbein dem Schiffsjungen,
mit auf die Insel zu fahren.

1. Lies die Geschichte. Was fällt dir auf?

2. Tausche dich mit deinem Partner aus. Lest die Geschichte noch einmal und ersetzt die markierten Stellen durch passende Wörter aus den Fässern.

3. Schreibe die Geschichte in dein Heft.

4. Wie könnte die Geschichte weitergehen?
   Schreibe auf und male ein Bild dazu.

5. Stellt eure Geschichten in der Klasse vor.

150   ihnen, ihm, ihn; Geschichte weiterschreiben

Abschied

Mit dem Schatz kehren die Piraten zurück und verabschieden sich.

1. Lest die Abschiedsgrüße in den verschiedenen Sprachen. In welche Länder kehren die Piraten zurück?
2. Vergleicht die Abschiedsgrüße. Was fällt euch auf?
3. Wie verabschiedet ihr euch in eurer Mundart?
4. Schreibe die Abschiedsgrüße und das passende Land auf:
   Auf Wiedersehen: Deutschland
5. Sprich einen Abschiedsgruß in einer Sprache. Dein Partner sagt, welche Sprache es ist.
6. Kennt ihr Abschiedsgrüße in weiteren Sprachen?

Abschiedsgrüße in verschiedenen Sprachen

Was habe ich gelernt? – 11

Stummes h (Seite 148, 149, 150, Lösungsbeilage Seite 8)

1. Ordne die einsilbigen Wörter mit dem stummen h nach ihren Endbuchstaben. Was fällt dir auf?

2. Setze folgende Wörter ein: *ihn, ihm, ihr, ihr*

Der Schiffsjunge Piet klettert zu Kapitän Holzbein ins Beiboot. Dieser reicht ____ ein Ruder.
Nach kurzer Zeit erreichen sie ____ Ziel.
Sie ziehen ____ Boot an Land.
Der Kapitän holt die Schatzkarte.
Erwartungsvoll blickt Piet ____ an.

Treffende Wörter für „gehen" (Seite 147, Lösungsbeilage Seite 8)

3. Ersetze das Verb gehen durch treffendere Wörter.

Malte geht die Leiter hinauf.

Hanna geht mit Lena um die Wette.

Die Katze geht zum Mauseloch.

Das Pferd geht über die Hindernisse.

Der Vogel geht auf dem Ast hin und her.

Eine Einladung schreiben (Seite 145, Lösungsbeilage Seite 8)

4. Du möchtest deinen Freund oder deine Freundin zu deiner Geburtstagsfeier einladen.
Schreibe eine Einladung. Denke an die Angaben zu folgenden Fragen:

Beschreiben (Seite 146, Lösungsbeilage Seite 8)

5. Ergänze die Beschreibung von Kapitän Holzbein:

Auf dem Kopf hat er ...
Im Gesicht besitzt er ...
Auf der Schulter sitzt ...
Er trägt ... und ...
Das Messer steckt ...
Besonderes Kennzeichen:

 Lerntagebuch

Schreibe in dein Lerntagebuch, was du gelernt hast.
Wie gut kannst du die Aufgaben? Male ☺ 😐 ☹.
Was möchtest du noch üben?

Was habe ich gelernt?

- Ich schreibe eine Einladung mit den wichtigsten Angaben.
- Ich kann *gehen* durch treffendere Verben ersetzen.
- Ich schreibe einsilbige Wörter mit stummem h richtig.
- Ich kann die Wörter ihm, ihn, ihnen, ihr verwenden.
- Ich kann eine Person beschreiben.

Das möchte ich noch üben:

Selbstständig üben mit Wortkarten

Wörter auf Wortkarten schreiben

1. Sammle Wörter, die du schwierig findest.
   Schlage diese Wörter im Wörterbuch nach.

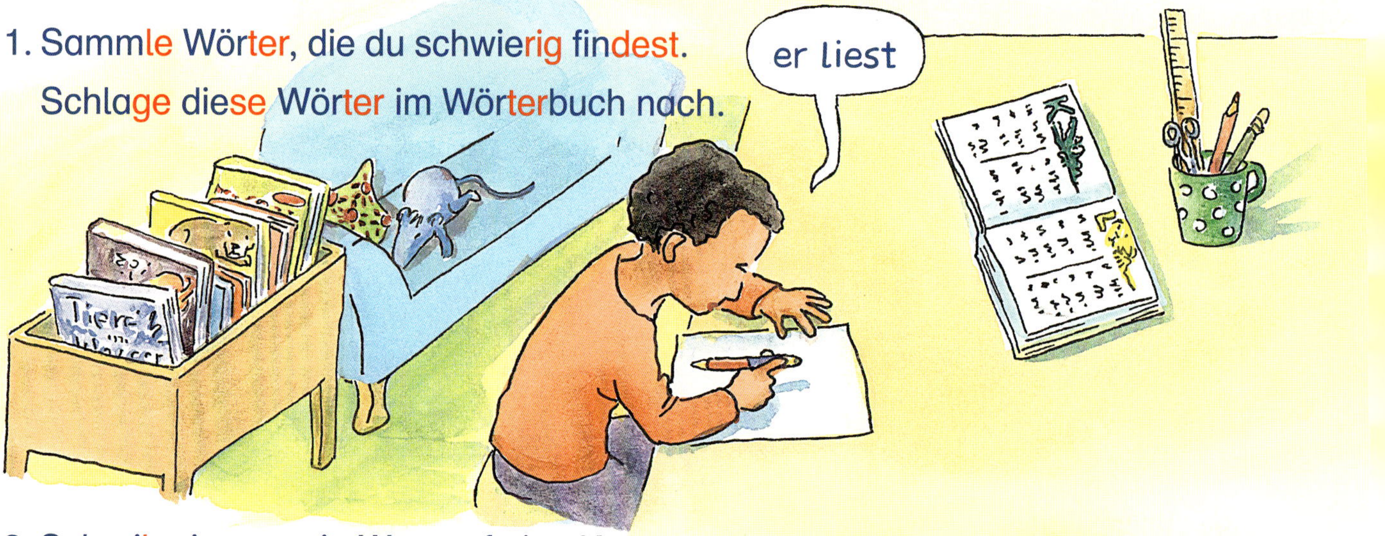

er liest

2. Schreibe immer ein Wort auf eine Karte:
   – bei Nomen mit Artikel
   – bei Verben die Grundform
   – bei Adjektiven nur das Adjektiv

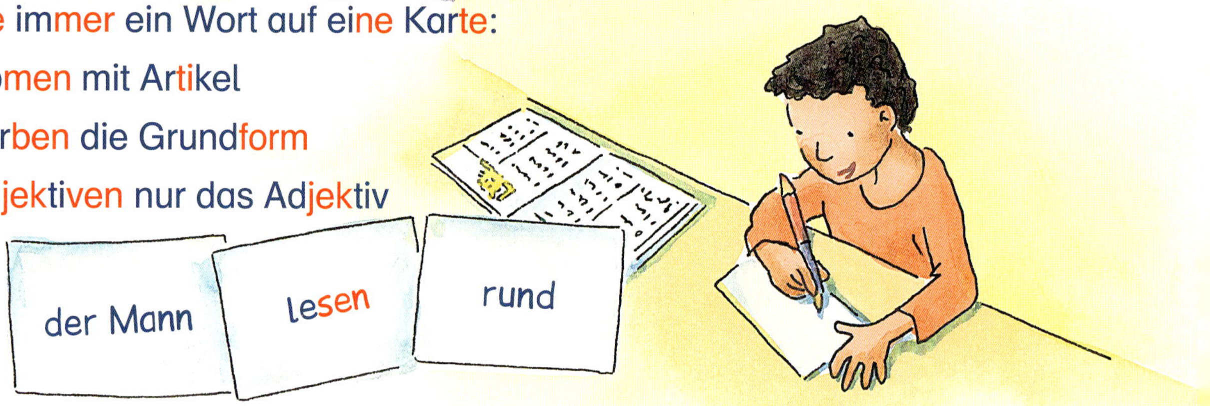

der Mann
lesen
rund

3. Schreibe so auf die Rückseite der Karte:
   – bei Nomen die Mehrzahl mit Artikel
   – bei Verben die er-Form
   – bei Adjektiven die Verlängerung mit einem passenden Nomen

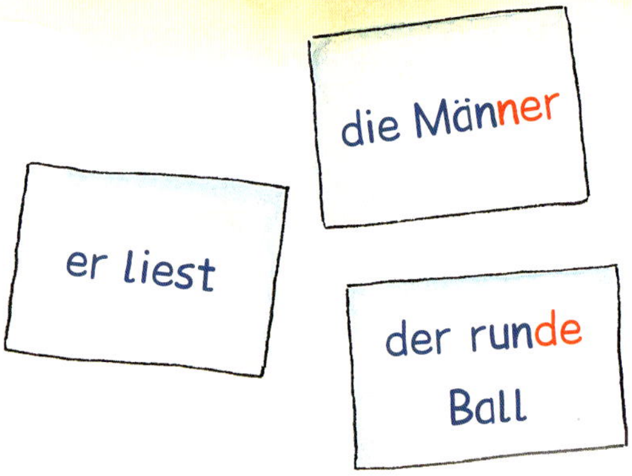

die Männer
er liest
der runde Ball

4. Ordne die Wortkarten in das erste Fach der Lernbox ein.

neue Wörter
1. Übung
2. Übung
3. Übung
4. Übung

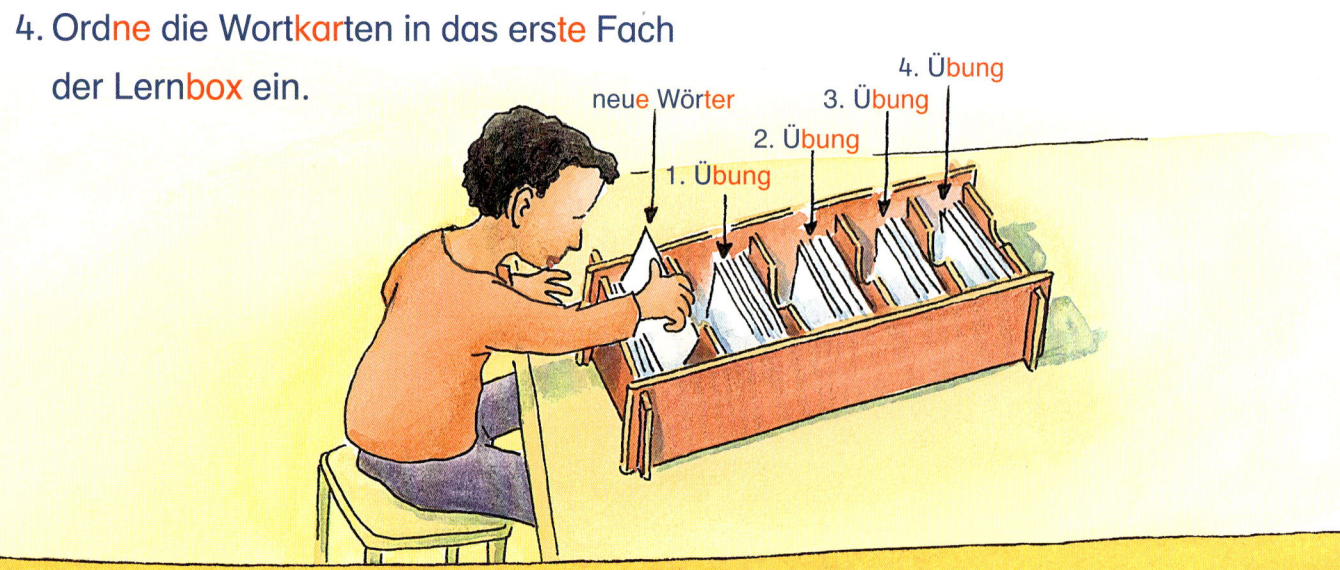

Alleine üben mit den Wortkarten

1. Schaue die Vorderseite und die Rückseite der Wortkarten genau an und sprich in Silben.

2. Lege die Karte weg.
   Sprich in Silben und schreibe auf.

3. Vergleiche genau.

4. Ordne die Karte in die Lernbox ein:
   – Richtig geschriebene Wörter wandern ein Fach weiter.
   – Falsch geschriebene Wörter bleiben in dem Fach, aus dem du es genommen hast.

Du kannst auch mit einem Partner üben!

Grundwortschatz

A a

aber
alle – alle Kinder
als
also
die Ameise, die Ameisen
antworten, er antwortet
der Apfel, die Äpfel
arbeiten, er arbeitet
auf
die Aufgabe, die Aufgaben
das Auge, die Augen
aus
das Auto, die Autos

B b

das Baby, die Babys
backen, er backt
baden, er badet
die Bank, die Banken
der Baum, die Bäume
bei
die Biene, die Bienen
das Bild, die Bilder
die Birne, die Birnen
blau – der blaue Himmel
bleiben, er bleibt
die Blume, die Blumen
die Blüte, die Blüten
böse – der böse Geist
brauchen, er braucht
braun – das braune Reh
bringen, er bringt
das Brot, die Brote
der Bruder, die Brüder
der Bub, die Buben
das Buch, die Bücher
bunt – das bunte Tuch

C c

der Cent, die Cents
der Clown, die Clowns
der Computer, die Computer

D d

da
danken, er dankt
das
denken, er denkt
der
des
dich
dick – der dicke Junge
die
dir
doch
die Dose, die Dosen
du
dunkel – der dunkle Keller
durch
dürfen, er darf

E e

das Ei, die Eier
das Eis
das Ende, die Enden
eng
die Ente, die Enten
er
es
der Esel, die Esel
der Euro, die Euros

Grundwortschatz

F f

die **Feder**, die Federn
fein – der feine Strich
das **Fenster**, die Fenster
finden, er findet
fragen, er fragt
die **Frau**, die Frauen
der **Freund**, die Freunde
frisch – das frische Obst
der **Frühling**, die Frühlinge
der **Füller**, die Füller
für
der **Fuß**, die Füße

G g

die **Gabel**, die Gabeln
der **Garten**, die Gärten
geben, er gibt
gehen, er geht
gelb – das gelbe Gemüse
gesund – das gesunde Frühstück
das **Gras**, die Gräser
groß – das große Haus
grün – das grüne Gras
gut – die gute Luft

H h

haben, er hat
der **Hai**, die Haie
der **Hase**, die Hasen
das **Haus**, die Häuser
her
die **Hexe**, die Hexen
der **Himmel**
hinter
hoch – die Brücke ist hoch
holen, er holt
hören, er hört
die **Hose**, die Hosen
der **Hund**, die Hunde

I i

ich
im
in
ist

J j

ja
das **Jahr**, die Jahre
der **Junge**, die Jungen

Grundwortschatz

K k

der **Kaiser**, die Kaiser
die **Katze**, die Katzen
das **Kind**, die Kinder
die **Kiste**, die Kisten
die **Klasse**, die Klassen
das **Kleid**, die Kleider
klein – der kleine Stein
können, er kann
der **Kopf**, die Köpfe
krank – die kranke Oma

L l

laufen, er läuft
laut – der laute Knall
leben, er lebt
legen, er legt
leicht – die leichte Feder
leise – die leise Stimme
lernen, er lernt
die **Leute**
lieben, er liebt
liegen, er liegt
der **Löwe**, die Löwen

M m

machen, er macht
das **Mädchen**, die Mädchen
der **Mai**
malen, er malt
die **Maus**, die Mäuse
mit
müssen, er muss
die **Mutter**, die Mütter

N n

nach
die **Nadel**, die Nadeln
der **Name**, die Namen
der **Nebel**, die Nebel
nein
neu
nicht
nun

O o

oder
die **Oma**, die Omas
der **Onkel**, die Onkel
der **Opa**, die Opas

P p

der **Partner**, die Partner
das **Pferd**, die Pferde
die **Pflanze**, die Pflanzen
der **Pinsel**, die Pinsel

Q q

das **Quadrat**, die Quadrate
der **Quatsch**
die **Quelle**, die Quellen

Grundwortschatz

R r

der **Rabe**, die Raben
die **Raupe**, die Raupen
rechnen, er rechnet
reden, er redet
der **Regen**
reisen, er reist
der **Ring**, die Ringe
rollen, er rollt
rot – die rote Rose
rufen, er ruft

S s

sagen, er sagt
das **Salz**
der **Satz**, die Sätze
das **Schaf**, die Schafe
scheinen, er scheint
die **Schere**, die Scheren
schlafen, er schläft
schneiden, er schneidet
schon
schön – die schöne Blume
schreiben, er schreibt
die **Schule**, die Schulen
schwarz – die schwarze Flagge
die **Schwester**, die Schwestern
die **Seife**
sie
sieben
sind
singen, er singt
sitzen, er sitzt
so
sollen, er soll
der **Sommer**, die Sommer
die **Sonne**, die Sonnen
sparen, er spart
spielen, er spielt
der **Sport**

sprechen, er spricht
der **Stein**, die Steine
der **Stern**, die Sterne
die **Stunde**, die Stunden
suchen, er sucht

T t

der **Tag**, die Tage
die **Tante**, die Tanten
die **Tasche**, die Taschen
das **Telefon**, die Telefone
der **Tisch**, die Tische
die **Tomate**, die Tomaten
trinken, er trinkt
tun, er tut
turnen, er turnt

U u

üben, er übt
über
die **Uhr**, die Uhren
um
und

V v

die **Vase**, die Vasen
der **Vater**, die Väter
viel
der **Vogel**, die Vögel
vor

Grundwortschatz

W w

    warten, er wartet
    was
das **Wasser**
der **Weg**, die Wege
    weil
    weit
    weiter
    wer
die **Wiese**, die Wiesen
der **Wind**, die Winde
der **Winter**, die Winter
    wir
    wo
die **Woche**, die Wochen
der **Wolf**, die Wölfe
die **Wolke**, die Wolken
    wollen, er will
das **Wort**, die Wörter
    wünschen, er wünscht
die **Wurzel**, die Wurzeln

Z z

die **Zahl**, die Zahlen
    zahlen, er zahlt
    zählen, er zählt
der **Zahn**, die Zähne
    zeigen, er zeigt
die **Zeit**
die **Ziege**, die Ziegen
    zwei